「名目GDPって何？」という人のための経済指標の教科書

PHP
Business Shinsho

Kazuyoshi Komiya
小宮 一慶

PHPビジネス新書

はじめに

2015年9月24日、安倍晋三首相は新しい経済政策として「新3本の矢」を発表しました。その中の第1の矢が「希望を生み出す強い経済」で、具体的には「名目GDP600兆円達成」が掲げられました。

「GDPって何ですか?」と聞けば、ほとんどの読者が「国内総生産」と答えられると思います。では、次の質問はどうでしょう?

「名目GDPって何ですか?」
「名目GDPと実質GDPの違いを説明できますか?」

いかがでしょう。ちゃんと答えられる人はかなり減ったのではないでしょうか。
でも、この程度の質問なら、学生時代にそれなりに勉強した人なら答えられたはずです。
では、さらにこんな質問はどうでしょう?

「安倍政権はなぜ、実質GDP成長率ではなく、名目GDPを目標に掲げたのでしょう？」

「今の日本の名目GDPは何兆円くらいで、バブル絶頂の1990年頃と比べてどのくらい増えているでしょう？　GDP世界1位の米国、2位の中国とはどのくらいの差がついているでしょうか？」

「そもそも、なぜGDPがそんなに重要なのでしょう？」


こう聞かれると、答えに詰まってしまう人がほとんどではないでしょうか。

経済指標は、その名の通り、経済状況の見当をつけるための目印であり道標ですから、多くの経営者や投資家が注目しています。ですから、新しい経済指標が発表されると、新聞やニュースで次のように取り上げられます。

「**小売販売額**、8月は0・8%増　5カ月連続プラス」（日経電子版2015年9月30日）
「8月**鉱工業生産**、0・5%低下　海外の機械需要後退、基調判断を下方修正」（同）
「8月の**有効求人倍率**、1・23倍　23年ぶり高水準」（朝日新聞デジタル10月2日）
「**実質賃金**、2カ月連続で増加　8月速報値、物価上昇鈍く」（同10月5日）

これらはほんの一部です。経済指標はほぼ毎日のように発表され、ニュースになっています。そして、それは日本の経済指標に限りません。経済は世界中とつながっていますから、米国や中国の経済指標が発表されれば、それが日本でもニュースになります。

「米**雇用統計**　就業者数が市場の予想下回る」（NHKニュース10月2日）
「中国の景況感、悪化鮮明　8月**製造業指数**50割れ」（日経新聞9月1日）

いかがでしょうか。みなさんもこのような経済指標に関するニュースを日々目にしていると思いますが、そうした記事をただ読み飛ばしているだけとしたら、何ともったいないことでしょう。なぜなら、**経済指標は実は「宝の山」**だからです。

なぜ、ビジネスパーソンが経済指標を学ぶべきなのか？

経済指標を継続的に見ていると、それらの数字を通して日本や世界の経済状況が少しずつ分かるようになります。また、経済や政治に関するニュースについても、より深く理解できるようになります。**経済指標の数字といろいろなニュースとの関連が見えてくると、単なる点だったものが、点と点がつながって線になり、線と線に囲まれて面になり、さらに立体的に見えてくる**ようになるのです。

実際、私が経営コンサルタントとして仕事ができるのも、さまざまな数字を関連づけながら深く理解できるようになったからです。それは、企業のこともマクロ経済のこともです。私は、企業会計も、経済も、ほとんど独学ですが、継続的に数字を見続け、数字を関連づけながら理解するように努力してきたおかげで、経営分析も、経済分析もできるようになりました。

経営指標も、経済指標も、数字とその対象を見るという点では同じで、どちらも継続的な訓練でその能力は格段に上がると思っています（※経営指標に関しては、同じＰＨＰビジネス新書で『「ＲＯＥって何？」という人のための経営指標の教科書』という本をすでに出版していますので、ぜひあわせてお読みください）。

ビジネスにおいては、過去を知り、現在の状況をきちんと把握していなければ、未来を予測することはできません。この「過去を知り、現在の状況をきちんと把握」するには、具体的な数字を見て考えることが大切になります。

未来を予測するためには、自分なりの仮説を立ててその仮説が当たったのか、はずれたのか、検証することが大事ですが、この検証も数字を見て行わなければ、あやふやなものになってしまうでしょう。

読者のみなさんの多くは、今は会社という船をひたすら漕ぐ側かもしれません。しかし、将来はその舵取りをする側になっていきます。なかにはすでに舵取りをしている方もいるでしょう。

会社経営で一番大切なのは、言うまでもなく、全体の「方向づけ」です。何をやるかやめるかを決めることです。そうした会社の方向づけを行う経営判断では、世の中全体の流れを知っていることが不可欠です。**会社は社会の一部です。どんなに大きな会社でも、社会の流れに勝てる会社はありません。**これは、短期的な流れとともに、長期的な流れについても言えることです。

また、新しい分野へ進出するときや、うまくいっていない事業から撤退するときにも、経済や社会がこれからどうなるのかを予測できなければ間違った判断を下してしまうかもしれません。

もし株を買って資産運用をしようと思ったとしても、現在の株価が高いのか安いのか、これから上がるのか下がるのか、会社の経営指標とともに、経済指標が読めなければこうした判断も勘に頼るしかなくなります。それでは、ばくちと同じです。

経済指標は、ビジネスパーソンとして能力を上げるのに役立ち、ビジネスはもちろん、経済や社会の未来を予測することにも有用ですから、「宝の山」と言えるのではないでしょうか。

◆◆◆◆◆では、時間がないビジネスパーソンがどうやって経済指標を学べばいいのか?

経済指標とひと口に言っても、その数は膨大です。とてもすべての指標を見ることなどできませんし、すべての数字を把握する必要もありません。

物事には必ずポイントがあります。このポイントさえ押さえておけば、すべてのことがだいたい分かるものなのです。経済指標も同じで、ポイントとなる指標を定点観測し、あとは臨機応変に、そのときどきに必要な指標を関連づけて見ればいいのです。

実際に私がやっているのは、日本経済新聞朝刊に毎週月曜日、掲載される「景気指標」面（32ページ参照）を継続的に見続けることです。もうかれこれ35年くらいになるでしょうか。これだけ継続的に見てくると、バブル期もあれば金融危機もありました。拡大期、減退期、停滞期など、あらゆる経済の局面を数字で見てきたことになります。

日経新聞の「景気指標」面だけでも、80前後の指標が載っていますが、これも全部見る必要はありません。まずは左上のＧＤＰや他のいくつかの主要指標を見続けることから始めて、徐々に定点観測する指標を増やしていけばいいのです。

日経新聞が手元にない人も心配はいりません。インターネットで指標名を検索すれば、ほとんどの指標の数値や推移を見ることができます。日経新聞のＷｅｂサイト（http://www.nikkei.com/biz/report/）でも約60の指標の数値と推移が見られます。

電車に乗っている移動時間や、ちょっとしたスキマ時間にも経済指標をチェックすることは可能なのです。

経済指標を見るときの心得については、本書のプロローグを読んでいただきたいのですが、要は指標の**「定義」**をきちんと理解したうえで、自分の**「基準」**をもって**「定点観測」**し、いくつかの指標やニュースを**「関連づけ」**ながら、自分なりの**「仮説」**を立てることが重要になります。

慣れてくると、この仮説を立てるのも移動時間やスキマ時間にできるようになりますし、何よりも仮説を立てるのがおもしろくなります。そして、自分の仮説が正しかったかどうか検証するのがとても楽しくなるのです。

本書では、チェックすべき重要な経済指標を厳選し、かつその「基準」を紹介しています。基準は、通常、ある程度の期間、経済指標を見続けなければ分かりませんが、忙しいビジネスパーソンは、そんな悠長なことを言っていられないかもしれません。

そこで、さまざまな経済指標における私独自の基準をできるだけ紹介するようにしました。最初はこの基準を参考に指標を見て、おいおい自分なりの基準をつくっていくとよいでしょう。

本書の構成

経済指標を網羅的・事典的にまとめて解説した本はたくさんあります。インターネット検索でも一つひとつの定義はすぐに調べられます。しかし、それでは点を一つひとつ見ているに過ぎません。

先ほど述べたように、経済を立体的に把握するには、いくつかの指標やニュース（対象）を関連づけて見ることが重要なのです。

そこで本書では、私が重要だと考えている指標を中心に、私がいつも分析しているやり方で解説していきます。

プロローグで経済指標を見るための「心得」を説明した後、第1章では日本経済を理解するために、安倍政権の経済政策「アベノミクス」をさまざまな経済指標を見ながら検証します。

第2章は、世界経済です。といっても、すべての国を取り上げるわけにはいきませんので、合計で世界のGDPの6割以上を占める米国、EU、中国の経済状況を、指標を見ながら分かりやすく解説します。

第3章は、ビジネスパーソンとして絶対に知っておきたい経済指標を、「日本経済全体を知る経済指標」「日本企業の活動状況を知る経済指標」「日本の雇用と物価を知る経済指標」「日本の金融・市場・国際収支の動向を知る経済指標」の四つに大きく分けて説明します。

本書で取り上げる主な経済指標は、左ページのリストのとおりです。

「見たことも、聞いたこともない経済指標ばかりが並んでいて難しそう」

そう思った人もいるかもしれませんが、言葉が難しそうなだけです。経済指標の多くが、財務省や日本銀行といったお堅い役所や団体が調査・発表しているため、こうした少し難しい名前がついていますが、定義をしっかりと理解すれば、どれも日常的に起こっていることを表わしている数字ですから何も難しいことはありません。

経済は、知れば知るほど理解が深まり、さらに、もっともっと知りたくなります。本書では、経済指標を学びながら、経済の現状を理解できるように工夫してあります。ぜひ肩ひじ張らずに、楽しみながら経済指標と現在の日本や世界の経済を学んでください。

それでは、いよいよスタートです。

■本書で取り上げる主な経済指標

・国内総生産（GDP）
・家計消費支出（２人以上世帯）
・現金給与総額
・有効求人倍率
・完全失業率
・消費者物価指数（CPI）
・国内企業物価指数
・機械受注
・日銀短観業況判断（DI）
・景気動向指数（CI）
・鉱工業指数
・企業倒産件数
・全国百貨店売上高
・粗鋼生産高
・M3増加率
・マネタリーベース
・コールレート翌日物
・新発10年国債利回り
・銀行計貸出残高
・外貨準備高
・米国非農業部門雇用者数
・米ISM景気指数
・中国製造業購買担当者景気指数（PMI）
・ニューヨーク原油価格（WTI）

【「名目GDPって何?」という人のための経済指標の教科書　目次】

第1章　「アベノミクス」の3年間を数字で検証
――日本経済は本当に良くなったのか？

第2章　「激動の世界経済」を数字で検証
――米国・EU・中国経済は、この指標を必ずチェック！

【米国編】

第3章　厳選！　これだけは知っておきたい重要指標42
――その指標で何が分かる？　そこから経済をどう読む？

【②日本企業の活動状況を知る経済指標】

【③日本の雇用と物価を知る経済指標】

【④日本の金融・市場・国際収支の動向を知る経済指標】

◆◆◆◆◆◆ プロローグ ◆◆◆◆◆◆

「経済指標」を見るときの五つの心得

――数字をもとに「経済の先を読める」ようになるには？

❖❖❖❖❖ どうすれば「経済が分かる」ようになるのか？

「日本経済はこれから良くなるのだろうか？」

「そもそも、今の日本は景気がいいの？　それとも悪いの？」

「米国経済、中国経済の今後の行方は？」

こんな疑問をもたれている人も多いのではないでしょうか。

疑問を解決するために新聞やビジネス誌を読んでも、景気が良くなると言う専門家もいれば、悪くなると言う専門家もいて、どちらが正しいのか判断がつきません。

あなたが経営者であれば、日本と世界の経済の現状を理解し、先行きについてもある程度予測できなければ、会社を窮地に立たせてしまいかねません。また経営者でなくとも、ビジネスに携わる人なら「経済の見方」をマスターしておくことが市場で戦う武器になることに疑いはないでしょう。

それでは、どうすれば「経済が分かる」ようになるのでしょうか。

経済を理解するための王道は、経済指標と呼ばれるさまざまな「数字」を見て考えることです。

ただし、数字を見ると言っても、ただ漠然と見ているだけでは経済が分かるようにはなりません。数字を見るのにも最低限の心得というものがあります。

私が考える数字を見る際の心得が、次の五つです。

心得１　数字の「定義」を学ぶ
心得２　数字の「基準」をもつ
心得３　数字を「定点観測」する
心得４　数字と数字を「関連づける」
心得５　数字をもとに「仮説」を立てる

もちろん、これ以外にもいろいろありますが、この五つの心得を守って数字を見ていれば、次第に経済の実態や先行きが見えてくるようになります。

では、一つひとつ見ていきましょう。

◆◆◆◆◆◆ 心得1　数字の「定義」を学ぶ

数字を見るときに、まず大事になるのが、その数字の「定義」です。

たとえば、「GDP」の定義を言えるでしょうか。「国内総生産」と答えられた人は多くいると思います。では、国内総生産とは何かを説明できますか。

「…………」という人が多そうです。実際、講演の場で同じ質問をしても答えられる人は10人に2、3人ぐらいです。

GDPの定義については、第3章で詳しく述べますが、簡単に言うと、「ある地域で、ある一定期間（たとえば1年間）に生み出された付加価値の総額」です。

「売上額のことかな」

そう思った人もいるかもしれませんが、それは残念ながら間違い。

「ビジネスで言えば、売上から仕入れを引いた金額」が正解です。付加価値ですから、新たに日本で「付加された」「生み出された」部分だけなのです。

また、GDPには、（本書のタイトルにもある）「名目GDP」と、「実質GDP」の2種類があります。それぞれの違いを説明できるでしょうか。

こうした数字の正確な定義を知ることが、経済を理解する第一歩になります。

本書では、数字の定義をできるだけ分かりやすく解説していきますので、一つひとつしっかりと理解していってください（まず、主要なものから理解してくださいね）。

また、指標には**「前年比」「前期比」「前年同期比」**など、比べる対象が違う数字がありま す。「3％成長」と言っても、直前の四半期と比べての年率換算なのか、1年前の同じ四半期と比べてなのかで意味が違ってきますから注意が必要です。

さらに、同じ1年間でも、1月～12月の1年間もあれば、4月～翌年3月までの「年度」と呼ばれる1年間もあり、前者の第1四半期は1～3月で、後者は4～6月と、同じ第1四半期でも時期が違います。何だか頭が混乱しそうですが、こうした混乱を避けるために「4～6月期」「7～9月期」という言い方もあります。

数字を見るときだけでなく、自分が数字を扱うときにも正確に使い分けてください。

◆◆◆◆◆◆ 心得2　数字の「基準」をもつ

数字を見ても、「それがいい数値なのか、悪い数値なのか分からない」という人も多いことでしょう。

たとえば、「日経平均株価が2万円台を回復」と聞いて、いい数値だと思いますか、悪い数値だと思いますか。

おそらく多くの人は、２０１２年12月までの民主党政権時代に円高不況などで７０００円台にまで落ちた記憶があるので、ずいぶん良くなったと思うのではないでしょうか。

しかし私などは、バブル最高値の４万円直前、正確には3万８９１５円の記憶もありますから、「それに比べればまだ半分」と評価することもできます。

いい数値なのか、悪い数値なのかはこのように何と比べるかによりますが、比べるためにも基準となる数値を覚えたり、自分でつくったりすることが大切です。

日経平均で言えば、私は「1日に1%以上相場が動くとけっこう大きく動いた」と判断す

るようにしています。たとえば、日経平均2万円のときに1日で200円以上、上がったり下がったりすれば、「何かが起きている」とその原因を必ず調べるようにしているのです（もっとも、2015年8月の世界同時株安以降は、連日のように1％以上の乱高下が続きましたが）。

「東証1部の1日の売買代金が、1兆円台なら低調で、2兆円台で通常、3兆円を超えたら活況」というのも、このところの私独自の基準です。こうした自分なりの基準をつくって数字を見ると、いい数値か、悪い数値かが少しずつ判断できるようになり、経済が見えてくるようになるでしょう。

また、日本の名目GDPが約500兆円であることを知っていれば、日本の国と地方の長期債務残高（いわゆる借金）がとうとう1000兆円を超えたというニュースに接したときに、「GDPの2倍を超えてしまったのか」と考えることもできます。

このように数字を見て考えるために、「基準」は欠かせません。ただ、私のように数字を長年継続的にウォッチし続けていないとなかなか基準を持てない、というのも事実ですので、本書ではこの基準になる数値についてもできるだけ触れていくようにします。

心得3　数字を「定点観測」する

基準となる数値をもったうえで、やってほしいのが数字の「定点観測」です。

同じ指標を長く見続けていると、「少しずつだけれども数値が上がっているな」とか、「普段ほとんど動かないのに突然上がった」「基準に比べてずいぶんと数値が悪化したな」といったように数字の動きに敏感になることができます。

数字の変化に気づくことができるようになれば、「それはなぜだろう?」と考えることで自分なりの解釈ができるようになり、それが経済を理解することにつながるのです。

ただ漠然と数字を見続けていてもこうした変化には気づかないものです。数字の変化に気づかなければ、「なぜ」と考えることもありませんから、いつまでたっても自分なりの解釈ができるようになりません。基準となる数値をもったうえで、同じ指標を継続的に見続ける定点観測を行ってください。

経済指標とひと口に言っても、たくさんあってとても見切れないという人は、まず自分が一番関心のある指標から始めるとよいでしょう。

株価に興味があれば、先ほど述べた日経平均やTOPIX、東証1部の1日の売買代金、時価総額などを、基準をつくったうえで定点観測します。ニューヨーク・ダウ（NYダウ）や上海総合指数、ドイツDAXなどを定点観測すれば世界経済にも目が向きます。

ほかに押さえておきたい指標としては、**「国内総生産（GDP）」「家計消費支出（2人以上世帯）」「機械受注」「貿易・通関」「公共工事請負金額」**などがあり、これらについては第3章で詳しく紹介します。

日本の数字だけを見ていても分からないのが今のグローバル経済ですから、米国や中国、EU各国のGDPなども定点観測が必要です。たとえば私が特に注目している指標の一つに、**米国の「非農業部門雇用者数」**があります。これは、私だけでなく、世界中のエコノミストや市場関係者も注目しています。米国経済の真の好不調を見るのに適していて、この数値が1カ月に20万人以上増えていれば米国経済は好調だと現状では考えられています。

経済指標は、ネット検索すればどれも簡単に見ることができますが、定点観測を行うには、**日本経済新聞の月曜日朝刊に掲載される「景気指標」面**（32〜33ページ参照）が便利です。日本の指標はもちろん、米国、隔週で欧州とアジアの指標も掲載されます。

■日経新聞の「景気指標」面

中国は国際的なデフレ圧力の源泉となってきた。1990年代には安い人件費を武器に低価格製品を輸出し、メード・イン・チャイナ

なったが、11年から経済成長が減速。それに伴って資源や食糧などの輸入が鈍化し、「需要ショック」を起こした。国際商品価格が下が

指標

中国デフレの脅威

響き、石油加工、非鉄金属関連などで物価が下がっている。9月の卸売物価は前年同月比5・9%下

まっている。
リーマン危機後、中国は国有企業が景気対策もあって生産を大幅

ップが拡大していただけに、デフレ懸念が強まっている。
中国企業は生産拡大の過程で借り入れを増やし、国内総生産(G

まりかねない。

また中国国内で物価が下がれば、その影響は輸出価格にも及ぶ。さらに経済成長の鈍化を止めよう

を目指している。金融緩和に加え、インフラ投資増加など財政拡大による景気刺激にも取り組む構えだが、HSBCのエコノミスト、ジ

米国

	国内総生産(実質年率%)	物価 卸売 前月比(%)	卸売 前年比(%)	消費者 前月比(%)	消費者 前年比(%)	貿易収支・通関(季調済、億ドル)	うち対日(季調前)	雇用 失業率(%)	非農業部門増減数(万人)	時間あたり賃金前月比(%)	鉱工業生産指数総合(12年=100)	小売売上高(月平均)(億ドル)	株価 NYダウ工業株30種(ドル)	ナスダック総合指数	TB3カ月(%)	10年国債利回り(%)
2012年	2.2	—	1.9	—	2.1	▲7304.5	▲764.6	8.1	225.7	1.5	100.0	3,589	13,104	3,019	0.05	1.76
2013年	1.5	—	1.3	—	1.5	▲6899.3	▲733.6	7.4	238.8	2.0	101.9	3,724	16,576	4,176	0.07	3.03
2014年	2.4	—	1.6	—	1.6	▲7271.5	▲671.8	6.2	311.6	2.3	105.7	3,860	17,823	4,736	0.05	2.17
2014年10月		0.3	1.5	0.1	1.7	▲607.2	▲63.7	5.7	22.1	0.2	106.8	3,897	17,390	4,630	0.02	2.33
11月	2.1	▲0.3	1.3	▲0.3	1.3	▲582.1	▲56.1	5.8	42.3	0.2	107.8	3,917	17,828	4,791	0.02	2.16
12月	(10—12)	▲0.3	0.9	▲0.3	0.8	▲630.6	▲56.5	5.6	32.9	▲0.2	107.9	3,872	17,823	4,736	0.05	2.17
2015年1月		▲0.7	0.0	▲0.7	▲0.1	▲610.8	▲57.7	5.7	20.1	0.4	107.6	3,839	17,164	4,635	0.01	1.64
2月	0.6	▲0.4	▲0.5	0.2	0.0	▲559.5	▲41.8	5.5	26.6	0.0	107.4	3,814	18,132	4,963	0.01	1.99
3月	(1—3)	0.0	▲0.9	0.2	▲0.1	▲692.7	▲71.2	5.5	11.9	0.3	107.2	3,877	17,776	4,900	0.03	1.92
4月		▲0.1	▲1.1	0.1	▲0.2	▲594.1	▲71.2	5.4	18.7	0.1	107.1	3,872	17,840	4,941	0.01	2.03
5月	3.9	0.5	▲0.8	0.4	0.0	▲595.9	▲53.2	5.5	26.0	0.3	106.7	3,923	18,010	5,070	0.01	2.12
6月	(4—6)	0.2	▲0.7	0.3	0.1	▲623.3	▲52.3	5.3	24.5	0.0	106.6	3,920	17,619	4,986	0.03	2.35
7月		0.2	▲0.8	0.1	0.2	▲592.8	▲56.6	5.3	22.3	0.2	107.4	3,951	17,689	5,128	0.07	2.18
8月	—	0.0	▲0.8	▲0.1	0.2	▲666.0	▲51.5	5.1	13.6	0.3	107.3	3,949	16,528	4,776	0.01	2.22
9月	(7—9)	▲0.5	▲1.1	▲0.2	0.0	—	—	5.1	14.2	0.0	107.1	3,950	16,284	4,620	0.01	2.03
前月比(%)						12.4	▲9.0				▲0.2	0.0				
前年比(%)						12.1	8.1				0.4	1.7				

欧州

	国内総生産 ユーロ圏	ドイツ	フランス	イタリア	英国	貿易収支 ユーロ圏(10億ユーロ)	英国(100万ポンド)	失業率 ユーロ圏(%)	英国(%)	消費者物価 ユーロ圏 前年比(%)	英国	独Ifo景況感指数 ドイツ(2005=100)	ユーロ圏の通貨供給量 M_3(末残前年比%)	ユーロ金利(年率%3カ月物)	株価 ドイツDAX	英国FT100種
	(実質年率、%)															
2012年	▲0.8	0.4	0.2	▲2.8	1.2	83.2	▲106,498	11.3	4.7	2.5	2.8	—	3.0	0.49	7,612	5,897
2013年	▲0.3	0.3	0.7	▲1.7	2.2	154.7	▲115,231	12.0	4.2	1.4	2.6	—	0.5	0.15	9,552	6,749
2014年	0.9	1.6	0.2	▲0.4	2.9	190.4	▲123,672	11.6	3.0	0.4	1.5	—	4.8	0.18	9,805	6,566
2014年10月						23.3	▲9,440	11.5	2.7	0.4	1.3	103.6	2.5	0.05	9,326	6,546
11月	1.6	2.5	0.4	0.2	3.0	20.8	▲10,712	11.5	2.6	0.3	1.0	104.8	3.1	0.05	9,980	6,722
12月			(10—12)			23.8	▲13,591	11.4	2.6	▲0.2	0.5	105.7	3.7	0.05	9,805	6,566
2015年1月						7.3	▲11,335	11.3	2.5	▲0.6	0.3	106.8	3.8	0.03	10,694	6,749
2月	2.1	1.4	2.7	1.5	1.5	19.8	▲11,268	11.2	2.4	▲0.3	0.0	106.8	4.1	0.02	11,401	6,946
3月			(1—3)			20.4	▲11,441	11.2	2.3	▲0.1	0.0	107.9	4.7	0.01	11,966	6,773
4月						21.7	▲9,852	11.1	2.3	0.0	▲0.1	108.6	5.3	0.00	11,454	6,960
5月	1.4	1.8	▲0.0	1.3	2.6	18.6	▲8,362	11.1	2.3	0.3	0.1	108.6	5.0	▲0.01	11,413	6,984
6月			(4—6)			26.4	▲8,083	11.1	2.3	0.2	0.0	107.5	4.9	▲0.01	10,944	6,520
7月						31.6	▲12,203	11.0	2.3	0.2	0.1	108.0	5.3	▲0.01	11,308	6,696
8月	—	—	—	—	—	11.2	▲11,149	11.0	2.3	0.1	0.0	108.4	4.8	▲0.02	10,259	6,247
9月			(7—9)			—	—	—	2.3	▲0.1	▲0.1	108.5	—	▲0.03	9,660	6,061

(注)①株価と金利を除く米国の指標および欧州の国内総生産、失業率、英国の貿易収支は季節調整済み、貿易収支の▲は赤字、その他の▲は減②米国の失業率は軍人を除く③貿易収支のユーロ圏は通関ベース、英国は国際収支ベース④株価と米国の金利は年末・月末値、ユーロ金利はユーロLIBOR(ロンドン銀行間取引金利)の平均値⑤出所=独Ifo景況感指数はIfo経済研究所、ほかは各国政府・中央銀行など⑥英国の消費者物価は、政府がイングランド銀行に対して示すインフレターゲットの指標をCPIに変更(2005年=100)⑦米国国内総生産は2009年価格⑧米国卸売物価指数はFinal demand(最終需要)⑨米国鉱工業生産指数は、2012年=100に基準年改定

内外商品相場

国内

	日経商品指数 17種	42種	絹糸20中(1コリ・千円)	アクリル糸32双(1キロ・円)	ポリエステル糸75デニール(1キロ・円)	ナイロン糸70デニール(1キロ・円)	棒鋼16ミリ異形(1トン・千円)	山形鋼6×50ミリ(1トン・千円)	H形鋼200×100ミリ(1トン・千円)	冷延薄板1.6ミリ(1トン・千円)	厚鋼板12ミリ(1トン・千円)	SC材25~100ミリ(1キロ・円)	ステンレス鋼板(1キロ・円)	銅地金(1トン・千円)	亜鉛地金電気精錬(1トン・千円)	鉛地金(1トン・千円)
14年平均	150.322	183.036	72.2	720.0	429.5	680.0	67.0	80.8	80.8	78.1	71.0	115.0	317.8	755.8	256.9	262.3
15年4月	145.002	177.106	76.0	720.0	435.0	680.0	59.9	78.0	78.0	73.5	71.2	110.0	330.0	751.2	285.4	278.4
5月	145.975	178.137	76.1	720.0	435.0	680.0	59.3	77.8	77.8	73.5	69.3	110.0	330.0	791.4	297.7	287.9
6月	143.395	176.769	80.7	730.0	435.0	680.0	58.5	77.0	77.0	73.5	68.5	110.0	330.0	753.9	282.4	276.0
7月	140.495	174.461	81.0	750.0	450.0	680.0	58.5	77.0	77.0	72.7	67.3	110.0	321.7	705.1	269.9	261.8
8月	132.747	169.466	81.0	740.0	445.0	680.0	57.9	76.2	76.2	71.7	65.4	110.0	320.0	660.9	247.0	255.3
9月	129.523	166.020	81.0	730.0	440.0	680.0	55.1	74.8	75.5	71.0	63.8	110.0	316.7	656.6	235.4	247.0
前週末	131.167	166.910	81.0	730.0	440.0	680.0	52.5	74.0	74.0	70.5	63.0	110.0	310.0	667.0	240.0	258.0

	すず地金(1トン・千円)	アルミニウム地金(1トン・千円)	黄銅丸棒25ミリ(1キロ・円)	伸銅品銅条(1キロ・円)	米ツガ正角($1m^3$・千円)	ヒノキ正角($1m^3$・千円)	杉小幅板($1m^3$・千円)	合板12ミリ(1枚・円)	カセイソーダローリー(1トン・千円)	ベンゼン(1キロ・円)	塩ビ樹脂粉状(1キロ・円)	低密度ポリエチレン(1キロ・円)	ポリプロピレン(1キロ・円)	ガソリン(1kl・千円)	白灯油(1kl・千円)	軽油(1kl・千円)	C重油(1kl・千円)
14年平均	2,546.9	276.8	678.1	994.2	45.0	62.2	45.8	1,264	71.6	137.9	190.6	255.2	258.4	134.2	78.4	80.6	68.5
15年4月	2,155.4	306.7	693.9	987.0	45.0	53.0	41.5	1,330	66.5	98.3	169.0	215.0	220.0	110.8	54.8	56.1	37.3
5月	2,157.8	305.5	721.7	989.7	45.0	53.0	41.5	1,330	66.5	106.5	164.8	215.0	220.0	114.7	57.6	59.7	38.2
6月	2,115.2	284.9	704.4	1,035.0	45.0	53.0	41.5	1,378	66.5	96.8	164.0	215.0	220.0	117.9	58.0	63.0	43.4
7月	2,074.9	257.7	674.0	994.0	45.0	53.0	41.5	1,390	66.5	106.2	164.0	215.0	220.0	112.6	53.0	56.8	43.5
8月	2,125.4	246.6	644.4	948.0	45.0	53.0	41.5	1,390	66.5	100.7	164.0	215.0	220.0	105.2	47.6	48.6	40.8
9月	2,089.8	246.8	629.4	903.0	45.0	53.0	41.5	1,390	66.5	72.4	164.0	215.0	220.0	106.8	48.3	48.3	36.9
前週末	2,164.0	237.0	620.0	905.0	45.0	53.0	41.5	1,390	66.5	75.9	164.0	215.0	220.0	103.3	49.8	46.8	34.8

	古紙段ボール(1キロ・円)	上質紙(1キロ・円)	コーテッド紙A2(1キロ・円)	Kライナー(1キロ・円)	大豆米産(1トン・千円)	大豆油(16.5キロ・円)
14年平均	9.5	131.9	130.9	71.5	64.2	3,762
15年4月	10.0	131.9	130.9	71.5	56.2	3,850
5月	10.0	132.5	131.5	71.5	56.0	3,850
6月	10.0	132.5	131.5	71.5	57.8	3,850
7月	10.0	132.5	131.5	71.5	60.5	3,850
8月	10.0	132.5	131.5	71.5	57.6	3,850
9月	10.0	132.5	131.5	71.5	53.6	3,850
前週末	10.0	132.5	131.5	71.5	53.0	3,850

	砂糖上白(1キロ・円)	セメントバラ積み(1トン・円)	原皮北米産ステア(1枚・千円)	天然ゴムRSS3号(1キロ・円)	金地金99.99%(1グラム・円)
14年平均	185.5	10,701	14.0	212.6	4,325
15年4月	185.5	10,900	14.9	214.3	4,643
5月	185.5	10,900	14.9	224.7	4,679
6月	185.5	10,900	14.9	229.5	4,735
7月	185.5	10,900	14.2	208.1	4,524
8月	185.5	10,900	14.3	186.7	4,452
9月	185.5	10,900	14.3	169.0	4,375
前週末	183.5	10,900	13.8	167.0	4,546

海外

	日経国際商品指数	ロイター指数	CRB指数	NY原油期近(1バレル・ドル)	シンガポールナフサ現物(1バレル・ドル)	NY金期近(1オンス・ドル)	NY銀期近(1オンス・セント)	ロンドン銅現物(1トン・ドル)	ロンドンアルミ現物(1トン・ドル)	ロンドン鉛現物(1トン・ドル)
14年平均	185.730	2522.8	288.12	92.91	94.29	1265.8	1903.0	6863.6	1868.8	2094.9
15年4月	142.191	2389.3	221.46	54.63	59.36	1199.8	1632.0	6044.1	1820.8	2003.4
5月	147.031	2373.7	227.49	59.37	62.05	1198.2	1680.0	6300.7	1804.1	1994.8
6月	141.845	2415.0	224.15	59.83	60.78	1180.8	1601.3	5837.5	1686.7	1835.9
7月	131.834	2379.6	212.85	50.93	53.14	1128.1	1500.2	5454.2	1640.1	1761.0
8月	119.570	2253.6	196.06	42.89	45.61	1118.7	1489.4	5122.0	1548.7	1699.6
9月	118.389	2220.2	195.88	45.47	46.74	1123.8	1472.6	5217.5	1590.9	1684.2
前週末	122.327	2291.59	199.45	47.26	49.49	1183.6	1610.2	5282.0	1543.5	1797.5

	ロンドン亜鉛現物(1トン・ドル)	マレーシアすず現物(1キロ・ドル)	シカゴトウモロコシ期近(1ブッシェル・ドル)	シカゴ大豆期近(1ブッシェル・ドル)	シカゴ小麦期近(1ブッシェル・ドル)	NY砂糖期近(1ポンド・セント)	NYコーヒー期近(1ポンド・セント)	NY綿花期近(1ポンド・セント)	シンガポールゴム期近(1キロ・セント)	シカゴ生牛期近(1ポンド・セント)
14年平均	2163.4	21.877	4.15	12.44	5.88	16.34	177.68	76.26	195.51	151.6
15年4月	2209.3	16.053	3.74	9.71	5.02	12.93	138.42	65.02	170.0	160.0
5月	2283.9	15.874	3.59	9.58	4.90	12.70	131.88	65.18	184.2	151.6
6月	2087.1	15.161	3.64	9.66	5.19	11.75	131.80	64.55	182.9	152.0
7月	2001.1	14.872	4.06	10.13	5.47	11.88	124.37	65.30	164.0	146.8
8月	1815.2	15.193	3.68	9.44	4.99	10.67	127.14	65.14	142.1	147.1
9月	1722.7	15.117	3.74	8.81	4.86	11.32	116.67	61.56	131.2	137.3
前週末	1786.0	16.100	3.7675	8.9825	4.9225	14.27	125.85	63.85	133.3	136.0

(注)日経商品指数は1970年平均=100、年末、月末値、他は月間平均値。国内の条件は土曜日付「週間商品市況100品目」参照。海外の日経国際商品指数は1980年平均=100、ロイター指数は1931年9月18日=100、CRB指数は1967年平均=100。

出所:日本経済新聞2015年10月19日

国内

	国内総生産（季調・年率・兆円 カッコ内は成長率%）名目	実質（05暦年連鎖価格）	日銀短観業況判断「良い%」−「悪い%」大企業製造業	大企業非製造業	景気動向指数（CI）先行	一致	鉱工業指数（2010年＝100）生産指数（季調）	前月比	前年比	出荷 前月比	前年比	製品在庫 前月比	前年比	製品在庫率指数（季調）
12年度	474.6（0.1）	519.8（1.0）	—	—	—	—	95.8	—	▲2.9	—	▲1.8	—	4.5	114.4
13年度	483.1（1.8）	530.6（2.1）	—	—	—	—	98.9	—	3.2	—	2.9	—	▲3.4	106.3
14年度	※490.8（1.6）	※525.9（▲0.9）	—	—	—	—	98.5	—	▲0.4	—	▲1.1	—	4.1	112.0
14年9月	※485.4（▲2.4）	※523.0（▲1.1）	13	13	105.1	112.3	98.1	1.4	1.0	3.2	1.7	▲0.4	4.1	111.5
10月	（7—9）		（9月調査）		103.7	112.4	98.5	0.4	▲0.5	0.1	▲0.6	▲0.1	3.9	112.6
11月			12	16	103.7	111.8	97.9	▲0.6	▲3.7	▲0.7	▲4.8	1.1	6.6	116.1
12月	※489.2（3.2）	※524.7（1.3）	（12月調査）		105.1	112.8	98.1	0.2	▲0.1	▲0.2	▲0.1	▲0.1	6.2	112.7
15年1月	（10—12）		12	19	104.4	114.8	102.1	4.1	▲2.6	5.5	▲2.1	▲0.4	5.6	109.0
2月			（3月調査）		103.9	112.7	98.9	▲3.1	▲2.0	▲4.4	▲2.9	1.1	7.0	113.4
3月	※499.7（8.9）	※530.5（4.5）	15	23	104.0	111.1	98.1	▲0.8	▲1.7	▲0.6	▲2.3	0.4	6.2	114.4
4月	（1—3）		（6月調査）		105.5	113.8	99.3	1.2	0.1	0.6	0.2	0.4	6.6	113.2
5月			12	25	106.1	112.0	97.2	▲2.1	▲3.9	▲1.9	▲3.2	▲0.8	3.9	115.4
6月	※499.9（0.2）	※529.0（▲1.2）	（9月調査）		106.7	113.3	98.3	1.1	2.3	0.6	1.8	1.5	4.0	113.5
7月	（4—6）		10	19	105.0	113.1	97.5	▲0.8	0.0	▲0.4	▲0.8	▲0.8	2.7	112.2
8月			（先行き）		※103.5	※112.5	96.3	▲1.2	▲0.4	▲0.7	0.6	0.3	2.1	119.2
（出所）	内閣府		日銀		内閣府		経済産業省							

	稼働率指数製造工業（季調）	生産指数集積回路 前年比	粗鋼生産高（千t）	機械受注（船舶・電力除く民需）前年比	法人企業統計 設備投資（前年比）	営業利益	広告扱い高 前年比	第三次産業活動指数（総合季調）	建設工事受注 前年比	新設住宅着工（万戸、季調・年率）	マンション契約率 首都圏（%）	近畿圏	公共工事請負金額 前年比
12年度	95.4	▲4.0	107,305	▲3.0	3.3	2.7	2.5	102.0	2.4	89.3	76.7	78.4	10.3
13年度	100.0	7.1	111,524	11.5	6.7	21.5	6.4	103.2	20.1	98.7	79.8	78.9	17.7
14年度	100.6	6.9	109,844	0.8	7.7	9.7	1.8	102.1	8.2	88.0	74.6	75.2	▲0.3
14年10月	100.6	12.7	9,362	▲4.9	5.6	3.8	4.7	102.1	15.7	88.6	63.3	74.1	▲7.4
11月	100.2	10.3	9,175	▲14.6	（7—9）		▲0.1	102.1	16.9	87.3	78.4	80.9	▲10.4
12月	101.2	28.7	8,999	11.4			1.9	102.5	7.5	88.3	69.9	73.0	1.0
15年1月	104.3	17.5	9,022	1.9	3.9	7.0	▲0.9	103.6	27.5	86.4	74.9	70.9	▲13.7
2月	101.0	12.8	8,441	5.9	（10—12）		▲4.2	103.4	1.0	90.5	74.5	67.1	2.3
3月	99.8	7.8	9,282	2.6			0.3	103.0	10.8	92.0	79.6	72.7	▲12.4
4月	99.4	18.1	8,402	3.0	8.1	▲0.1	10.2	103.3	▲12.1	91.3	75.5	74.2	4.4
5月	96.4	10.6	8,918	19.3	（1—3）		▲1.6	102.8	▲7.4	91.1	71.1	75.2	▲14.0
6月	97.1	16.6	8,535	16.6			▲3.2	103.2	15.4	103.3	78.7	74.8	▲1.8
7月	96.9	5.7	8,841	2.8	6.6	20.5	▲9.5	※103.2	▲4.0	91.4	83.7	75.1	▲10.1
8月	96.0	▲4.5	8,796	▲3.5	（4—6）		8.9	※103.3	▲15.6	93.1	74.3	79.4	▲1.3
9月	—	—	—	—			1.3	—	—	—	66.0	67.9	▲10.9
前年比（%）	▲2.3		▲5.9					1.7		8.8			
（出所）	経済産業省			内閣府	財務省		電通・博報堂	経済産業省	国土交通省		不動産経済研究所		保証事業会社3社

	現金給与総額 全産業前年比	所定外労働時間 全産業前年比	常用雇用指数 全産業前年比	有効求人倍率（季調・倍）	完全失業率（季調・%）	消費支出2人以上世帯 前年比	小売業販売額 前年比	新車販売台数（万台）	全国百貨店売上高 前年比	旅行取扱状況 前年比	M3増加率（平残前年比%）	マネタリーベース（平残前年比%）	コールレート翌日物（平均）（年利、%）	新発10年国債利回り（期末）（年利、%）
12年度	▲1.0	▲0.1	0.7	0.82	4.3	1.6	0.3	521.0	▲0.3	5.1	2.1	8.7	0.082	0.560
13年度	▲0.2	4.8	0.9	0.97	3.9	0.9	2.9	569.2	4.0	3.7	3.1	44.0	0.073	0.640
14年度	0.5	2.0	1.7	1.11	3.5	▲5.1	▲1.2	529.7	▲4.6	1.2	2.7	39.3	0.068	0.400
14年10月	▲0.1	2.0	1.6	1.10	3.5	▲4.0	1.4	39.7	▲2.2	1.9	2.6	36.9	0.059	0.450
11月	▲0.2	0.4	1.6	1.12	3.5	▲2.5	0.5	41.6	▲1.0	1.0	2.9	36.7	0.065	0.420
12月	0.9	0.3	1.7	1.14	3.4	▲3.4	0.1	43.2	▲1.7	1.1	2.9	38.2	0.068	0.330
15年1月	0.6	1.3	2.0	1.14	3.6	▲5.1	▲2.0	40.1	▲2.7	0.1	2.8	37.4	0.074	0.275
2月	0.1	▲0.7	2.1	1.15	3.5	▲2.9	▲1.7	48.2	1.1	2.1	2.9	36.7	0.076	0.330
3月	0.0	▲2.4	1.9	1.15	3.4	▲10.6	▲9.7	69.5	▲19.7	▲2.3	3.0	35.2	0.070	0.400
4月	0.7	▲2.4	2.0	1.17	3.3	▲1.3	4.9	31.9	13.7	3.4	3.0	35.2	0.061	0.340
5月	0.7	▲1.7	2.0	1.19	3.3	4.8	3.0	33.6	6.3	3.5	3.3	35.6	0.069	0.390
6月	▲2.5	▲0.8	2.1	1.19	3.4	▲2.0	1.0	44.3	0.4	0.0	3.2	34.2	0.072	0.455
7月	0.9	▲0.7	2.0	1.21	3.3	▲0.2	1.8	42.5	3.4	0.2	3.3	32.8	0.074	0.410
8月	※0.5	※▲0.8	※1.8	1.23	3.4	2.9	0.8	32.7	2.7	0.0	3.4	33.3	0.076	0.380
9月	—	—	—	—	—	—	—	47.9	—	—	※3.1	35.1	0.073	0.350
前年比（%）								▲7.6						
（出所）	厚生労働省				総務省		経済産業省	自販連・全軽自協	日本百貨店協会	観光庁	日銀			日本相互証券

	銀行計貸出残高 前年比	国内銀行貸出約定平均金利（年利%）	企業倒産件数（件）	国内企業物価指数 総平均	前月比	前年比	消費者物価指数（生鮮除く総合）全国	前月比	前年比	東京都前月比	輸入物価指数 前年比	企業向けサービス価格指数 前年比	貿易・通関 輸出（億円）	輸入（億円）	外貨準備高（期末億ドル）
12年度	1.1	1.383	11,719	100.5	—	▲1.1	99.6	—	▲0.2	—	1.7	▲0.3	639,400	720,978	12,544
13年度	2.3	1.280	10,536	102.4	—	1.9	100.4	—	0.8	—	13.5	0.2	708,565	846,129	12,793
14年度	2.5	1.200	9,543	105.3	—	2.8	103.2	—	2.8	—	0.2	3.3	746,703	838,146	12,453
14年10月	2.4	1.198	800	105.5	▲0.8	2.9	103.6	0.1	2.9	0.2	4.1	3.5	66,873	74,291	12,659
11月	2.8	1.195	736	105.2	▲0.3	2.6	103.4	▲0.2	2.7	▲0.2	5.4	3.5	61,875	70,863	12,691
12月	2.7	1.180	686	104.7	▲0.5	1.8	103.2	▲0.2	2.5	▲0.2	0.3	3.3	68,918	75,574	12,605
15年1月	2.6	1.179	721	103.3	▲1.3	0.3	102.6	▲0.6	2.2	▲0.6	▲6.6	3.4	61,434	73,172	12,611
2月	2.6	1.173	692	103.3	0.0	0.5	102.5	▲0.1	2.0	0.1	▲10.1	3.2	59,414	63,699	12,511
3月	2.7	1.158	859	103.5	0.2	0.7	103.0	0.4	2.2	0.5	▲8.2	3.1	69,268	67,042	12,453
4月	2.7	1.157	748	103.6	0.1	▲2.1	103.3	0.3	0.3	0.2	▲9.8	0.7	65,502	66,095	12,501
5月	2.6	1.153	724	103.8	0.2	▲2.2	103.4	0.2	0.1	0.1	▲8.9	0.6	57,403	59,609	12,458
6月	2.5	1.141	824	103.6	▲0.2	▲2.4	103.4	0.0	0.1	▲0.1	▲5.9	0.5	65,057	65,801	12,429
7月	2.7	1.137	787	103.3	▲0.3	▲3.1	103.4	0.0	0.0	▲0.2	▲7.3	0.6	66,637	69,341	12,423
8月	2.8	1.135	632	102.7	▲0.6	▲3.6	103.4	0.0	▲0.1	0.1	▲9.7	※0.7	58,818	※64,512	12,442
9月	※2.6	—	673	※102.2	※▲0.5	※▲3.9	—	—	—	※▲0.1	※▲15.5	—	—	—	12,489
前年比（%）			▲18.6										3.1	▲3.1	
（出所）	日銀		東京商工リサーチ	日銀			総務省				日銀		財務省		

	国際収支（IMF方式、億円、▲は赤字）経常収支	貿易・サービス収支	直接投資	円相場 対ドル（東京・銀行間直物・平均）	対ユーロ	日経景気インデックス（日経BI）	日経通貨インデックス 日本円	米ドル	ユーロ	日経公社債インデックス（長期債期末・利回%）	日経平均（225種平均・円）	東証1部 上場株時価総額（期末・兆円）	1日平均売買代金（億円）
12年度	42,492	▲92,753	96,580	82.89	106.73	99.9	123.10	101.25	90.43	0.91	9612.07	363.08	14,921
13年度	14,715	▲144,635	139,240	100.16	134.20	103.4	101.90	102.86	95.63	0.98	14406.76	431.56	26,652
14年度	79,309	▲93,142	129,154	109.75	138.69	103.9	96.22	108.67	95.93	0.70	16253.25	560.62	24,184
14年10月	8,464	▲9,744	17,719	108.06	136.97	103.8	96.83	107.45	94.74	0.82	15394.11	483.39	25,577
11月	4,402	▲7,290	14,677	116.22	145.09	103.8	91.11	109.46	96.10	0.75	17179.03	510.09	31,830
12月	2,259	▲7,404	10,511	119.40	147.14	104.2	90.35	112.42	99.26	0.64	17541.69	510.16	26,037
15年1月	1,018	▲12,327	13,036	118.24	137.27	105.4	92.87	115.68	96.79	0.63	17274.40	514.74	25,049
2月	14,957	▲2,097	12,778	118.57	134.78	104.2	93.42	117.52	95.03	0.69	18053.20	553.00	29,087
3月	28,203	8,312	7,806	120.39	130.47	103.6	92.90	119.75	91.17	0.70	19197.57	560.62	28,872
4月	13,362	▲6,622	10,716	119.55	128.92	104.3	92.62	118.71	88.66	0.65	19767.92	577.70	28,354
5月	18,660	400	22,508	120.74	134.84	103.0	90.99	117.28	89.70	0.77	19974.19	606.03	31,049
6月	5,615	▲722	7,027	123.75	138.76	103.9	89.50	118.49	91.59	0.78	20403.84	591.19	28,820
7月	※18,086	※▲2,917	※15,690	123.23	135.78	103.6	91.00	120.86	91.41	0.76	20372.58	604.71	28,418
8月	※16,531	※▲2,683	※14,340	123.23	137.19	※103.0	92.99	123.52	95.68	0.75	19919.09	560.32	33,022
9月	—	—	—	120.22	135.08	—	96.36	124.72	97.74	0.72	17944.22	515.35	28,777
（出所）	財務省			日銀		日本経済新聞社							東証

（注）①指数は2010年＝100②※は速報値③公共工事請負金額は公共工事前払保証の対象請負額④自販連は日本自動車販売協会連合会、全軽自協は全国軽自動車協会連合会⑤全国百貨店売上高は既存店ベース⑥円相場対ユーロの平均と東証1部1日平均売買代金の年度平均は日経算出⑦新発10年国債利回りは月末終値ベース⑧法人企業統計は金融業・保険業を除くベース⑨日経通貨インデックスは2008年＝100⑩2011年3月分以降については震災の影響が出ている統計がある⑪日銀短観の2015年3月調査からは調査対象企業見直し後の新ベース⑫景気動向指数（CI）は第11次改定値⑬第三次産業活動指数は2010年＝100に改定

ショック」を起こし、それが日本などでのデフレの一因になった。

2000年代には輸出主導で高成長を続け世界第2の経済大国に

価が下落している。

今この需要ショックによるデフレ圧力が、中国自身にも跳ね返りつつある。国際商品価格の下落が

景気

がり、消費者物価は上がってはいるが、上昇幅は同1・6%と政府目標である3%の半分程度にとど

拡大し、供給過剰に陥った。一方で、成長率の低下は、需要の伸びを鈍らせた。その結果、需給ギャ

た。本格的なデフレが起きれば債務の実質負担が重くなり、景気に一段の下押し圧力がかかる。国際市場で「需要ショック」の波が強

デフレが輸出されることになる。

「供給ショック」が再び世界を覆う恐れもある。

中国は内需主導による安定成長

根強い」と指摘している。国際市場が中国のデフレ・ショックにおびえる日々が続きそうだ。

（経済解説部　太田康夫）

◆◆◆◆◆◆ 心得4　数字と数字を「関連づける」

数字の変化に気づいたら、「それはなぜか」と考えることも非常に重要です。そのためにやってほしいのが、数字と数字を「関連づける」ことです。

経済の数字は、一つの数字が別の数字に影響を与え、それがまた別の数字に影響するといったように、それぞれが影響し合いながら動いています。ですから、ある数字の変化に気づいたら、その数字に影響を与えている関連する数字は何かを考え、「この数字がこう動いたからではないか」と数字と数字を関連づけながら数字の変化の背景を推測します。

たとえば、ここ数年円安傾向が続いていますが、円安になると輸出が増えて、自動車などの輸出産業の業績が良くなると言われますが、**「輸出金額」**を見ると、２０１２年度が約64兆円、２０１３年度が約71兆円、２０１４年度が約75兆円と確かに増えています。

では、輸出が増えて**「貿易収支」**が良くなったかと**「輸入金額」**を見ると、２０１２年度が約72兆円、２０１３年度が約85兆円、２０１４年度が約84兆円ですから、いずれの年度も輸入が輸出を上回る赤字が続いていることが分かります（為替レートも影響しています）。

「輸入物価指数」を見ると、2012年度が前年比1・7％増、2013年度が13・5％増、2014年度が0・2％増で、輸入金額と似た動きですね。この輸入物価指数は、2015年1月からマイナスになっているのですが、それはなぜでしょうか。

日本最大の輸入品と言えば、エネルギー、なかでも石油です。**「ニューヨーク原油価格（WTI）」**を見ると2014年平均で1バレル約93ドルだったのが、2015年3月には約48ドルとおよそ半値に暴落しています。これが、輸入物価指数がマイナスになっている最大の要因です。

一方、日経平均株価は、2012年度は9000円台でしたが、2013年度は1万4000円台へと60％以上伸びました。一方、**「法人企業統計」**の**「営業利益」**を見ると、2013年度は前年比21・5％の伸びにとどまっています。この二つの数字を関連づけると、「企業の実力以上に株価が上がっているかもしれない」といった仮説を立てられます。

このように数字と数字を関連づけながら見て、考えていくことで自分なりの解釈ができるようになるのです。これができるようになると、経済の数字を見るのが、がぜん楽しくなります。本書でもいろいろな数字を関連づけながら第1章では日本経済を、第2章では世界経済を解説しますので参考にしてみてください。

心得5　数字をもとに「仮説」を立てる

数字と数字を関連づけながら見て、考えられるようになったら、次は「仮説」を立てることにチャレンジしてみましょう。

そして、自分が立てた仮説が正しかったかを検証し、間違ったとしたら、その理由は何だったかを考えます。この仮説検証を繰り返すことで、仮説のレベルが上がり、より正しい仮説を立てられるようになります。

ここまでできるようになれば、「経済についてはある程度分かっている」と胸を張ることができると思います。

それでは、どうやって仮説を立てるのか、具体的にやってみましょう。

２０１５年8月に起きた世界同時株安は、「チャイナ・ショック」とも呼ばれたように**「上海総合指数」**の暴落から始まりました。日経平均も2万円台だったのが1万７０００円台へと10％以上も下がりました。

ニューヨーク・ダウも一時１０００ドル以上下がった日がありました。これは私の長い経験でもそれほど記憶にないほどの大暴落でした。

しかし、その一方で、前述した非農業部門雇用者数などの指標から、米国経済は絶好調とは言えませんが、ある程度の好調をキープしており、株価の下げは一時的なものではないかという仮説を立てることができます。

そして、中国経済は確かに成長が鈍化してきてはいますが、中国政府がそれをいつまでも放置するとは考えにくい。なぜなら、あの２００８年9月のリーマン・ショック後の世界同時不況のときでさえ財政出動により10％成長したように、中国政府が経済対策を打つからです。このときは、４兆元、当時のレートで56兆円もの経済対策を行いました。

中国は、国家の財政赤字もＧＤＰの半分程度と、財政的にもとても余裕があります。だから、利下げなどの金融政策だけでなく、１兆元単位の経済対策を打つかもしれないという仮説も立てられます。

さらに、米国の中央銀行であるＦＲＢ（Federal Reserve Board：連邦準備制度理事会）が9月末に開催されるＦＯＭＣ（Federal Open Market Committee：連邦公開市場委員会）で金利を上げると言われていましたが、これが難しくなるのではないかという仮説も立てました。株価が乱高下しているときに金利を上げれば、経済への悪影響が予想されるからです。

9月に利上げできないとしても、「年内に利上げする」とFRBのジャネット・イエレン議長は公言していましたから、次に開催される10月またはその次の12月のFOMCで利上げが行われるという仮説も立てられます。公言しているにもかかわらず、もし利上げをしないと、米国経済、ひいては世界経済が「利上げができないほど悪い」と認めたも同然になるからです。

米国が利上げすれば、日本円との金利差が広がるため円安が進むことが予想され、円安が進めば日本の株価は上がる可能性が高まります。しかし、同時に新興国経済が悪化する可能性も強く、なかなか世界経済全体の読みの難しいところです。

実は、こうした仮説を立てたのは2015年8月末時点です。私の仮説がどれほど正しかったか、読者のみなさんはぜひ検証してみてください。

仮説ですから、すべてがその通りになるわけではありません。ただ、こうした仮説を立てて、さらに数字を見ていくと、また違った数字との関連性が見えてきたり、新しい数字の変化に気づくことができるようになります。当たりはずれよりも、論理的に仮説を立てることが大切です。

どんな数字をもとに、どんな仮説を立てるのも自由です。大事なのは自分の頭で考えて、自分なりの仮説を立てること。そして、その仮説を検証することです。

続ければ必ず「パッと見える瞬間」がやってくる

数字の「定義」を知り、「基準」をもち、基準をつくった数字を「定点観測」します。そして、それらの数字と数字を「関連づけ」ながら、「仮説」を立てるということを続けていけば、経済が少しずつですが見えてくるはずです。

新聞やビジネス誌を読んでいると、「これは、あの数字の変化の影響かも」と、次々と数字と数字や他の記事との関連性が見えてくるようになります。こうなると、新聞やビジネス誌を読むのが楽しくなり、経済について考えるのが面白くなります。

仮説を立てるのも、最初は少し大変かもしれません。なかなか仮説どおりの結果にならないことも多いでしょう。私も、最初から精度の高い仮説を立てられたわけではありませんが、そこであきらめずに、自分なりに仮説を立て続けたから経済が理解できるようになったのだと思います。何ごとも基本を学んだ上で、コツコツと積み重ねることです。

読者のみなさんも「最初から上手にデキる人なんかいないんだ」というくらいに考えて、五つの心得を守って数字を継続的に見続けてみてください。きっと、目の前がパッと開ける瞬間がやってくるはずです。

第1章

「アベノミクス」の3年間を数字で検証

——日本経済は本当に良くなったのか？

この章では「アベノミクス」を題材に、経済の現状や経済指標に触れていきます。安倍晋三政権が掲げる経済政策「アベノミクス」は、2012年12月の開始からまもなく3年を迎えようとしています。

では、この3年間で日本経済は本当に良くなったのでしょうか。「株価も上がったし、多少なりとも良くなったんじゃないの?」と思っている人が多いかもしれませんが、先に述べたとおり、数字をチェックして初めて正しい評価を下すことができます。

そこで第1章では、さまざまな経済指標を使って、「アベノミクス」がこの3年間で日本経済にどのような影響を与えたのかを検証します。

教科書的には、先に経済指標一つひとつの定義や基準値などを説明してから、実際の経済の分析を行うのがセオリーかもしれません。しかし、本書は学生が学校で使う教科書ではなく、社会人がビジネスを行うにあたって使う教科書ですから、「経済指標を使って実体経済をどう分析するか」を最初に体験してみていただきたいと思います。

もちろん、経済指標の知識がゼロの人でも分かるように、指標一つひとつに簡単な説明を加えながら、できるだけ分かりやすく解説していきますので心配はいりません。経済指標を見るのに慣れる意味でも、ざっと読んでみてください。

「異次元緩和」は、何が異次元なのか？

安倍政権が誕生したのは、２０１２年12月です。経済を勉強するときには、時間軸が非常に重要になります。正確な年月を確認するようにしてください。

その安倍政権の目玉の政策であり、経済政策が「アベノミクス」です。

それまで民主党が政権を担っていたのですが、経済政策が手薄なため、１ドル80円前後の円高不況でした。

民主党政権から自民党政権へ、政権交代が確実視され始めた頃から、じわじわと円安に振れ始めます。経済を理解するためには、当然ながら政治についてもむとんちゃくではいられません。

ただ、この段階の円安は、円高の修正です。円安につられるように株価も少しずつ上がり始めます。輸出産業などに好影響が出ると考えられたためです。政権への期待もありました。

２０１３年に入って、アベノミクスが言われ始めますが、これは「レーガノミクス」にちなんで名付けられたものでしょう。さて、レーガノミクスは分かるでしょうか。

1981年1月に米国大統領に就任したロナルド・レーガン大統領の経済政策がレーガノミクスです。前任のカーター政権時代にインフレ下の景気後退という**「スタグフレーション」**を経験した米国経済ですが、レーガノミクスの内容はと言うと、社会保障費と軍事費を拡大し、同時に減税を行うというもので、その結果、経済規模は確かに拡大しましたが、貿易赤字と財政赤字が増大しました。この二つの赤字を**「双子の赤字」**と呼んだのですが、覚えている人もいるのではないでしょうか。

レーガノミクスによって失業率は改善し、失業者数も減り、景気も改善したため、レーガン大統領は米国経済の復活を主張しましたが、双子の赤字が残ったことを考えると賛否両論ある経済政策だったと言えるでしょう。

さて、そのレーガノミクスにちなんで名付けられたアベノミクスとは、どんな経済政策でしょうか。

「3本の矢」と言われるように大きく三つあります。

一つめが**「大胆な金融緩和」**。日銀が思い切った政策を採ったため、「異次元緩和」と呼ばれることが多いです。二つめが**「機動的な財政出動」**。これは主に公共投資のことで、東日本大震災の復興支援もあり、当初は通常より多く支出しました。三つめが**「成長戦略」**です。

特筆すべきは、もちろん異次元緩和です。2013年4月4日の日本銀行（以下、日銀）の政策決定会合で「マネタリーベースを2年間で2倍にする」と決定しました。**「マネタリーベース」**とは、**「日銀券」**と**「日銀当座預金」**の合計のことで、日銀が直接コントロールできる資金量のことです。日銀券は紙幣のことで、日銀当座預金は各民間金融機関が日銀に置いている当座預金の残高のことです（次項でくわしく説明します）。

当時、日銀券が約85兆円、日銀当座預金の残高が約50兆円、合計135兆円のマネタリーベースがありました。これを2年間で2倍ですから、15年3月までに270兆円にすると発表したのです。

これには世界中がビックリしました。だから異次元緩和なのです。

しかも、2014年10月31日には、この異次元緩和の第2弾が発表され、「マネタリーベースを無期限で毎年80兆円増やす」という、さらなる金融緩和が発表されました。これも世界の市場の意表をつくもので、2015年末のマネタリーベースは350兆円を突破することになりそうです。

◆◆◆◆◆◆ 日銀が振る「打ち出の小槌」の仕組み

では、実際にどうやってマネタリーベースを増やしたのでしょうか。

日銀は日銀券である1万円札を刷ることもできますが、1兆円増やすだけでも1億枚の1万円札を刷らなければなりませんし、現金通貨を急激に増やすとインフレになる可能性もあるので少しずつしか増やせません。

実際、2015年3月末時点でも、日銀券は90兆円程度までしか増えませんでした。マネタリーベースを270兆円にするためには、日銀当座預金の残高を180兆円にする必要がありましたが、異次元緩和の第2弾があったこともあり、実際には200兆円を超えました（日銀第130回事業年度決算より）。

50兆円だった日銀当座預金の残高が、200兆円にまで4倍にも急増したのです（2015年10月時点では240兆円まで増加しています）。

なんでこんなことが可能だったかと言うと、実は、やり方はいたって簡単で、民間金融機関から国債を買い取り、その代金を当座預金口座に払うだけというシンプルなものです。日銀が支払った国債代金分のお金が民間金融機関に行くことでマネタリーベースが増えるのです。

ここで絶対に理解しておかないといけないのは、たとえば、A銀行から2兆円国債を買い取ったら、日銀は2兆円をA銀行の日銀当座預金口座に入れるわけですが、この2兆円はどこから持ってきたのかということです。

答えを聞くと「なあんだ」と思うかもしれませんが、実はA銀行の口座に「2兆円」と記帳するだけです。原資はないのです。どこからもお金を持ってくる必要はなく、買った国債分の金額を各民間金融機関の口座に記帳すればいいだけなのです。

そうです。日銀は打ち出の小槌を持っているようなもので、いくらでもお金を生み出すことができるのです。

しかし、この打ち出の小槌が使い放題なわけがありません。使えば使っただけ日銀が抱えるリスクは大きくなります。どういうことでしょうか。

1万円札の原価は20円程度です。20円の紙が、なぜ1万円の価値があるかと言えば、日本銀行に信用があるからです。

金本位制だった時代は、金（ゴールド）と兌換できたので、紙でも「お金」だったのですが、現在のお金は金と兌換できません。それでもお金としての価値があるのは発行している中央銀行、日本なら日銀に信用があるからです。

では、日銀が信用をなくしたら、どうなるでしょう？

そうなれば、円が暴落することになります。日銀は、打ち出の小槌を振って国債を大量に買っているわけですが、国債というのは株式と同じで価格が一定ではありません。価格が下落する（＝金利が上昇する）という価格変動リスクが常にあります。

何らかのきっかけで国債価格が下落すれば、日銀は非常に大きな含み損を抱えることになります。これによって万一、**日銀の信用が失われれば、円も国債も暴落してしまう可能性があるのですが、これは絶対にあってはならない**ことなのです。

また、日銀には「銀行の銀行」としての役割もあり、国内の銀行に何かあれば、その銀行を救う必要があります。にもかかわらず、日銀が抱えたリスクが顕在化したために銀行を救うことができないとなると日本の金融システム自体が崩壊してしまいます。

つまり、中央銀行である日銀はいつ何時でも万全の状態でいる必要があるのですが、今は打ち出の小槌を振っているため、大きなリスクを抱え込んでしまっているのです。

守られなくなった「日銀券ルール」

日銀は白川方明（しらかわまさあき）前総裁のときまでは、**「日銀券ルール」**を厳格に守っていました。これは、「日銀が保有する国債の量は、発行している日銀券（通貨）の残高を超えてはいけない」というルールです。大きなリスクを抱え込まないように、変動リスクのある国債の保有上限を日銀券の発行残高程度までと決めていたのです。

しかし、アベノミクスの異次元緩和を敢行した黒田東彦（はるひこ）総裁は、この日銀券ルールなどなかったかのように、２０１５年3月時点で、日銀券発行残高約90兆円に対して、約２７０兆円もの国債を保有しました（前掲決算）。２０１５年9月末では３００兆円を超えています。

かつてのルールより3倍も多くの国債を保有するということは、リスクも3倍になることを意味しますが、実は次のルールも無視していますので、さらに大きなリスクを抱えているのです。

そのルールは、「残存期間が3年未満の国債しか保有しない」というもので、10年国債であっても期日が3年までのものしか買わないということです。このルールもまったく無視されています。

話が少し専門的になるので詳細な説明は避けますが、国債などの債券は、残存期間が長ければ長いほど価格の変動リスクが大きいのです。残存期間が3年未満の国債であれば、それだけリスクを小さく抑えられますが、このルールも守られなくなり、残存期間が10年を超える国債まで保有するようになりました。期間が長ければ長いほどリスクは大きくなりますから、この点でも日銀の抱えるリスクは増大しているのです。

もう一つ付け加えると、これはリスク増大とは必ずしも関係ありませんが、これまで厳格に守られてきたもう一つのルールも無視されています。それは、「民間金融機関が1年以上保有した国債しか買わない」というルールです。

戦前、戦費を賄うために日銀は直接国債を引き受けていました。それが戦後、ハイパーインフレを引き起こした原因になったため、財政法第5条は、日銀が直接、政府が発行する国債を引き受けることを禁じています。

このため日銀は、この法律の趣旨を厳格に守るため、国債を引き受けるにしても、民間金融機関が1年以上保有した国債のみに限定してきました。ところが、異次元緩和のために市場から国債を買い漁っているため、**民間金融機関が1年以上保有した国債だけでは足りず、発行からたった1日、民間金融機関に保有させた国債も買っている**のです。

このルールが守られなくなったことによって、何が起きるでしょうか。一つは、財政規律がなくなることです。政府は国債を新たに発行しても、日銀という受け皿が必ずあるのですから、安心して国債を発行できます。それも、日銀が大量に買うわけですから、金利も本来あるべき状態よりも低く抑えられるわけです。

さらには、民間金融機関にとってもメリットは小さくありません。保有する国債価格が安定するからです。しかし、このことは、国債の正常な価格を歪(ゆが)めている可能性があります。さらには、たとえば、民間金融機関は、国債が発行される直前の時期に国債を売ることで新規国債の発行価格を下げれば、安く買うことができます。その後、国債を市場で買うことにより価格を上げれば、日銀がその価格で必ず国債を買ってくれるのですから、必ず儲かりますす。民間金融機関が本当にこうした国債の売買をやっているか、真偽のほどは分かりませんが、可能性としては十分に考えられます。モラルハザードが生じるのです。

日銀が大量の国債を買うことで、日銀が大きなリスクを抱えるという問題が発生するのと同時に、国債市場にこうした歪みを生み出してしまっている可能性もあるのです。

なぜ「インフレ率２％」が目標なのか？

このように、デメリットもある異次元緩和ですが、リスクに見合うだけのメリットを日本経済は本当に受け取っているのでしょうか。

異次元緩和の第２弾を決める日銀の政策決定会合では、総裁、副総裁を含む政策審議委員９人のうち４人が反対しました。反対したのは、日銀が抱えるリスクが非常に大きくなるのに対して、もう効果はそれほどないとの判断からです。

そして、政策としても矛盾があります。日銀は「インフレ率を２％」にするという目標を立てましたが、インフレ率が２％になれば、長期国債の金利は２％を超えるのが普通です。そうでないと国債保有者が損をしてしまいます。

金利が２％に上がれば、国債価格は下がり、日銀が大量に持っている国債の価値が十兆円単位で減ることになり、日銀は自分で自分の首を締めることになります。民間金融機関も大量に国債を保有していますから、彼らも多額の含み損を抱えることとなります。

また、現在は日銀が国債を買いまくっているので金利が低く抑えられていますが、金利が2％になれば、政府の１０００兆円を超える借金の利払い（現状毎年10兆円程度）も長期的にはさらに約１％分（約10兆円）増え、それを払うために国債をさらに発行しなければならなくなり、その国債の利払いが増え、また国債を発行し……という悪循環に陥ることになります。

日本は名目ＧＤＰ比で世界最大の財政赤字を抱えていますから、本当にインフレ率が２％になって、金利が２％になったら国の財政も日銀も非常に厳しい状況に追い込まれるのは火を見るよりも明らかなのです。

それではなぜ、インフレ率２％という目標を立てたのでしょうか。それは**「期待インフレ率」**を上げたかったからです。この先、物価が上がるとなると、先にものを買っておいたほうが得だと考え、消費の先食いが起こります。そうすれば、景気が良くなり、さらに物価が上がるという好循環が生まれます。デフレは、その逆で、消費の先延ばしが起こり、さらに景気が悪くなることになるのです。

民主党政権はインフレ率１％を目標に掲げていたのですが、それではデフレから脱却でき

消費者物価指数（生鮮食品を除く総合）の前年比	
2012年度	▲0.2%
2013年度	0.8%
2014年度	2.8%
2015年1月	2.2%
2月	2.0%
3月	2.2%
4月	0.3%
5月	0.1%
6月	0.1%
7月	0.0%
8月	▲0.1%

出所：総務省

ませんでした。だから「2%と言っておけば、1%前後に落ち着くはず」という思惑が自民党政権にあったのではないでしょうか。「期待インフレ率」を高めたかったのです。

　現実的には、インフレ率が1%程度に落ち着けば、金利も1%で、国債の価格もそれほど下がらず、借金の利払いも何とかなる。国の財政も日銀も何とかやっていけるのが、実はインフレ率1%なのです。しかし、インフレ率1%を目標にしてしまうと「期待インフレ率」も上がらず、デフレという元の木阿弥ですから、目標を2%にしたのです（これはあくまでも私の仮説ですが）。

　では、実際の物価はどうなっているのか、**「消費者物価指数（CPI）」**の前年比の推移を見てみましょう。2015年3月まで2%台の数値なのは、2014年4月に消費税増税があったからで、その影響がなくなった4月以降は0・1%前後です。そして8月には、ついにマイナス0・1%と2年4カ月ぶりにマイナスになってしまいました。つまり、消費税増税による物価上昇の影響約2％（なぜ3％ではなく2％なのかについては205ページを参照）を除けば、物価はほとんど上がっていないと言うことができます。

これは世界的な傾向で、2014年7月ごろから原油価格が下がり始め、ドバイ原油で1バレル100ドル前後だったのが、50ドルを切る価格にまで下がっています。原油安による物価下落ですから「悪い物価下落」ではないのですが、またデフレになってしまうと元の木阿弥になる可能性もあります。

また、**異次元緩和は花火みたいなもので、バーンと打ち上げたときはきれいだったけれど、今後、大量の国債をどう市場に戻していくかという「出口戦略」が大変**になる可能性もあるということです。

もちろん、異次元緩和によって円安に振れ、日経平均も上がり、それなりの効果があったことは間違いありません。

数字を確認しておくと、異次元緩和が始まる直前の2013年3月末、日経平均株価の終値は1万2397円でした。その後、一時は2万円を超えましたが、2015年10月下旬時点では1万8500円前後。6000円ほど上がっています。1ドルは93円前後でしたが、現在は120円前後。この2年半で約30％も円安ドル高が進んだことになります。

ただ、異次元緩和によって、景気は良くなりましたが、所詮カンフル剤のようなもので、日本経済の実力が上がったわけではありません。どこかでこの効果が切れることと、先ほども少し触れた「出口戦略」をどうするかに注意が必要です。

◆◆◆◆◆◆日経平均が上がった理由

日経平均が上がった要因の一つは、異次元緩和により円安になったことで、輸出関連企業（グローバルに事業を展開している企業）の業績アップと、それへの期待によって株が買われたことです。実際に、企業業績も上がりました。しかし、それだけではありません。実は、ほかに二つの大きな理由があるのです。

一つは、異次元緩和の第2弾が発表された2014年10月31日から、年金積立金管理運用独立行政法人（以下、ＧＰＩＦ）が基本ポートフォリオ（資産構成割合）を見直し、国内株式の割合を12％から25％にまで引き上げたことです。

ＧＰＩＦの積立金残高は、２０１４年末で約１３７兆円でしたから、国内株式の比率を12％から25％に引き上げれば、単純計算で合計約18兆円ものお金が日本の株式市場に流れ込むことになります。

当然、株価が上がることが予想されますから、投資家は株を買います。こうした相乗効果も含めて、ＧＰＩＦが国内株式の比率を25％に上げたことが、日経平均株価を押し上げた大きな要因であることは間違いないでしょう。

もう一つは、日銀が日経平均をベースにした上場投資信託（以下、ＥＴＦ）を買い入れていることです。日銀は、国債だけでなく、より変動リスクの大きいＥＴＦも買っているのです。月額３０００億円程度買い入れています。

こうした公的資金に買い支えられている側面があることを知っている人たちは、現在の日本の相場を**「官製相場」**と呼んでいます。中国の株式市場に政府が介入していることが２０15年前半に問題になりましたが、実は、日本も負けず劣らず公的機関が相場を支えており、日本企業の実力、日本経済の実力だけで株価が上がっているわけではないのです。

◆◆◆◆◆◆ お金がなくても貸せるのが「信用創造」

異次元緩和に話を戻すと、日銀はマネタリーベースを2年で2倍以上急増させたわけですが、私は「**マネーサプライ（M3）**」のターゲットゾーンを決めて、そこへ誘導するような政策をとるべきだったのではないかと考えています。

マネーサプライは、マネーストックとも呼ばれ、日銀券と民間金融機関の預金残高の合計です。つまり、市中にあるお金の合計のことで、これが順調に増えることが経済には非常に大事なのです。

マネタリーベースは、日銀が紙幣を刷ったり、国債を買い取ることでコントロールできますが、マネーサプライは日銀が直接コントロールすることはできません。今述べたように、実体経済にとって重要なのはマネーサプライなのです。そこで、マネタリーベースを増やすことで、マネーサプライを増やそうとしたのですが、その効果がどれほどあったか検証してみましょう。

まずマネーサプライの増加の大きなポイントの一つが「**銀行計貸出残高**」です。銀行計貸出残高というのは、都市銀行、地方銀行、信託銀行などの貸出残高を合計したもので、前年比の伸びで見ることが重要です。

この銀行計貸出残高が増えると、なぜマネーサプライが増えるのか。これが分かっていないとこの先の話が理解できないので簡単に説明しておきます。

たとえば、Ａさんが銀行に１００万円預けたとします。銀行はお金を持っているだけでは儲かりませんから、Ｂさんに90万円を貸し出します。

さて、この時点で銀行が預かっている預金残高はいくらでしょう。

１００万円預かって、90万円貸し出したから差し引き10万円と思った人、残念ながら間違いです。正解は１９０万円。Ａさんから預かった１００万円も、Ｂさんに貸し出した90万円も、それぞれの口座にあるわけですから、銀行の預金残高は１９０万円なのです。

Ｂさんもすぐに90万円を引き出して使うわけではないので、銀行はその９割の81万円をＣさんに貸し出します。これで銀行の預金残高は合計２７１万円になりました。

このように元のお金の何倍ものお金を貸し出すことで金利を稼ぎ、銀行は儲けることができるのですが、借入れには需要があるわけですから、無制限に貸し出せるわけではありません。

また、ギリシャのように銀行の信用が失われて、みんながお金を引き出そうとしても、銀行には全員に支払うだけのお金はありません。先ほどの例で言えば、預金残高は２７１万円あっても、実際のお金はAさんが預けた１００万円しか銀行にはないのです。

景気好調時にはマネーサプライはマネタリーベースのおよそ10倍、現状では5倍程度の乗数効果があり、これを「信用乗数」、または「貨幣乗数」と呼んでいます。

常にバブルが起きているようなもので、信用によって乗数が何倍になるかの違いがあるだけです。これが**「信用創造」**です。信用創造によって社会の隅々にまでお金が行き渡り、血液として巡ることで経済は動いているのです。

◆異次元緩和の効果は限定的

それでは、「銀行計貸出残高」の前年比の表を見てください。２・５％前後の数字が並んでいます。マネーサプライを表わすM３の前年比も３％前後です。これに対して、マネタリーベース増加率の数値は35％前後。

	銀行計貸出残高の前年比	Ｍ３増加率（月中平均残高の前年比）	マネタリーベース増加率（月中平均残高の前年比）
2012年度	1.1%	2.1%	8.7%
2013年度	2.3%	3.1%	44.0%
2014年度	2.5%	2.7%	39.3%
2015年1月	2.6%	2.8%	37.4%
2月	2.6%	2.9%	36.7%
3月	2.7%	3.0%	35.2%
4月	2.7%	3.0%	35.2%
5月	2.6%	3.3%	35.6%
6月	2.5%	3.2%	34.2%
7月	2.7%	3.3%	32.8%
8月	2.8%	3.4%	33.3%
9月	2.6%	3.1%	35.1%

出所：日本銀行
注：「銀行計貸出残高」と「Ｍ３増加率」の９月の数値は速報値

つまり、日銀がマネタリーベースを前年比35％も毎月増やしているにもかかわらず、マネーサプライを表わすＭ３は、前年比で３％前後しか増えていないということです。２０１２年度の２・１％に比べれば確かに増えてはいますが、異常に大きなリスクを取っている異次元緩和の効果としてはいかにも小さいと言わざるを得ません。

ちなみに、レーガノミクスのときにＦＲＢ議長を務めたポール・ボルカーはマネタリーベースではなく、マネーサプライを政策目標にしました。マネーサプライのターゲットゾーンを決めて、そこに誘導したのです。

日銀もコントロールできるマネタリーベー

スをターゲットにするのではなく、マネーサプライをターゲットにすべきだったのではないかというのが私の意見です。

しかし実際には、日銀はコントロールできるマネタリーベースを対象に異次元緩和しました。世界中の市場関係者を驚かせ、円安、株高になりましたが、その効果は一時的で、かつ限定的だったと言えるでしょう。

株価が下がり始めた2015年8月以来、異次元緩和の第3弾があるのではないかと、一部に期待する声があがっていますが、私は反対です。

これまで述べてきたとおり、日銀はすでに非常に大きなリスクを抱えています。これ以上リスクを抱えることは日本経済にとっても、日本の金融システムにとっても本当に危険です。しかも、それだけのリスクをとってもこれ以上のメリットは微々たるものなのです。

世界各国の中央銀行がどこもやっていないレベルの金融緩和だからこそ「異次元」なわけで、それだけ危ない橋を渡っているのです。

安倍政権の人気を支えるのがアベノミクスであり、円安、株高ですが、日銀がそのお先棒を担ぐことはもう許されません。ここからは本物の「成長戦略」にバトンタッチすべきで、これ以上の緩和を行うことは日銀の良識が問われます。

	GDP(国内総生産)			
	名目		実質(2005暦年連鎖価格)	
2012年度	474.6	0.1%	519.8	1.0%
2013年度	483.1	1.8%	530.6	2.1%
2014年度	490.8	1.6%	525.9	▲0.9%
2014年7－9月期	485.4	▲2.4%	523.0	▲1.1%
2014年10－12月期	489.2	3.2%	524.7	1.3%
2015年1－3月期	499.7	8.9%	530.5	4.5%
2015年4－6月期	499.9	0.2%	529.0	▲1.2%

出所：内閣府
注：単位は兆円、%は成長率(年率)、2012年度と2013年度の数値以外はすべて速報値

景気後退を指標で確認する方法

それでは、ほかの経済指標も見てみましょう。まず**「国内総生産（以下、ＧＤＰ）」**は、２０１４年度、「名目」で約４９０兆円、成長率は１・６％です（直近の４－６月の四半期の年換算で約５００兆円です）。名目ＧＤＰとは実額の付加価値の合計です。

一方、「実質」は約５２６兆円ですが、この金額自体はあまり重要ではありません。なぜなら、「２００５暦年連鎖価格」とあるように、２００５年の貨幣価値で名目ＧＤＰ値を計算し直した数値であるため、基準年が変わると数値が変わりますから、金額自体はあまり重要ではないのです。

実質ＧＤＰを見るときに重要なのは成長率です。実質

は、インフレ、デフレを調整した数値で、「実質的に」国民がどれだけ豊かになったかを表わします。**時系列で過去と比較するときや、他国と比較するときも、この実質の成長率を見ます。額を比較する際には名目GDPが使われます。**

さて、その実質の成長率ですが、2014年度はマイナス0・9%です。マイナスですから、日本経済はその間後退したということです。

ではなぜ、日本の景気は悪くなってしまったのでしょうか。

2014年度の名目GDP約490兆円は、日本企業などが生み出した付加価値の合計ですが、そのうちの7割前後が給与として家計に分配されています。

「現金給与総額」の前年比を見てみます。現金給与総額は、基本給や残業代、賞与などをすべて足した一人あたりの総額のことです（この統計は非常に興味深い統計で、厚労省のホームページで見ることができます。業種別、正規・非正規別に実額の給与総額が毎月公表されていますが、調査に応じる企業は税や社会保険料をきちんと支払っている企業に限られるため、実際より少し高めに出ているのではないかという指摘もあります）。

2012年度がマイナス1・0%、2013年度もマイナス0・2%と2年続けてマイナ

	現金給与総額(全産業)の前年比	消費者物価指数の前年比	家計消費支出(2人以上世帯)の前年比
2012年度	▲1.0%	▲0.2%	1.6%
2013年度	▲0.2%	0.8%	0.9%
2014年度	0.5%	2.8%	▲5.1%
2015年1月	0.6%	2.2%	▲5.1%
2月	0.1%	2.0%	▲2.9%
3月	0.0%	2.2%	▲10.6%
4月	0.7%	0.3%	▲1.3%
5月	0.7%	0.1%	4.8%
6月	▲2.5%	0.1%	▲2.0%
7月	0.9%	0.0%	▲0.2%
8月	0.4%	▲0.1%	2.9%

出所：「現金給与総額」は厚生労働省、「消費者物価指数」「家計消費支出」は総務省

スですが、２０１４年度は０・５％と久しぶりに反転しました。

ところが、それ以上に物価が上がったため、景気は後退してしまったのです。

先に述べた**「消費者物価指数」**を見ると、２０１４年度は消費税増税の影響が大きく、前年比２・８％増。２・８％物価が上がったのに、給与は０・５％しか増えていないのですから、消費が増えるはずがありません。

それを証明しているのが**「家計消費支出（２人以上世帯）」**というとても大事な指標です。２０１４年度を見ると、前年比マイナス５・１％。名目ＧＤＰの６割弱を支える家計の支出が前年に比べて５％以上落ち込んだわけですから、景気が悪化したのもうなずけます。

８％から10％へと上げる２度めの消費税増税を２０１７年４月に延期せざるを得なかったのも、こうした経済指標の数値が総じて悪かったからです。５％から８％へと上げる１回めの消費税増税が景気に与える悪影響を、政府や財務省が非常に小さく見積もっていたと言うこともできるでしょう。

◆◆◆◆◆◆ ２度めの消費税増税は再延期の可能性もある

２０１７年４月に予定されている消費税増税は、予定どおり実施する可能性が高いですが、さらに延期する可能性もないわけではありません。おそらく２０１６年４－６月期のＧＤＰの速報値などの状況を見て決めることになると思います。日本では、四半期のＧＤＰは最終月の２カ月後、つまり８月のお盆の頃に発表されますので注目しておいてください。

４－６月期の数字で判断ができないと、次は７－９月期の数字を見てということになりますが、それが発表されるのは11月半ばです。遅くてもそこまでには決めなければなりません。

また、ＧＤＰは四半期ごとに発表されますが、前年同期比ではなく、前四半期比年率換算で成長率を計算していることにも注意が必要です。季節調整されますが、前四半期比ですから、前の四半期が低いと上がりやすく、前の四半期が高いと下がりやすい性質があります。

２０１５年７－９月期は、鉱工業指数の生産指数が伸び悩んだことなどから、４－６月期に続いてマイナスになる可能性があります。そうすると、次の10－12月期は上がりやすくなりますが、逆に言うと、２四半期連続や３四半期連続でマイナスということは、景気が後退している可能性を示すことにもなります。

株価は日本企業の実力を必ずしも反映していない

アベノミクスによって、確かに株価は上がりましたが、それが日本企業の実力を反映しているかということも数字で確認しておきましょう。

まず日経平均株価ですが、安倍内閣が発足した直後の２０１２年12月28日の終値は、１万３９５円でした。ざっくりと１万円と覚えておくとよいでしょう。２０１５年10月上旬現在、乱高下していますが、１万８０００円だとすると80％上がったことになります。

東証１部の「上場株時価総額」を見ると、２０１２年度は約３６３兆円、２０１４年度は

	法人企業統計・営業利益の前年比
2012年度	2.7%
2013年度	21.5%
2014年度	9.7%
2014年7－9月期	3.8%
2014年10－12月期	7.0%
2015年1－3月期	▲0.1%
2015年4－6月期	20.5%

出所：財務省

	東証1部上場株の時価総額（期末）
2012年度	363.08兆円
2013年度	431.56
2014年度	560.62
2015年1月	514.74
2月	553.00
3月	560.62
4月	577.70
5月	606.03
6月	591.19
7月	604.71
8月	560.32
9月	515.35

出所：日本経済新聞社

約560兆円ですから、200兆円近くも増えています。約55％増えたことになります。

一方、企業の業績がどれだけ上がったかは、**「法人企業統計」**の**「営業利益」**を見れば分かります。

2013年度は前年比21・5％増、2014年度は9・7％増ですが、2年間合わせても約33％の伸びに過ぎず、株価と時価総額の伸びほどには伸びていません。2015年1－3月期にいたっては、マイナス0・1％です。

ではなぜ、企業の実力以上に株価が上がったかと言えば、一つはこの先の業績期待です（こちらのほうは、中国や新興国経済の減速もあり、この先しばらくは伸びが期待しにくいですね)。
そして、もう一つは、先述したとおり、「官製相場」で株式が買われているからです。

余談ですが、その国の株価が割高になっているかどうかの議論のときに、よく登場するのが**「バフェット指数」**です。これは、世界最高の投資家と言われるウォーレン・バフェット氏が重視している指標の一つで、株式の時価総額(株価×株数)を名目GDPで割って算出します。バフェット氏は、これが100%を超えると、すなわち**「株式時価総額>名目GDP」**になると、バブルの懸念があると判断していると言われています。

2014年度でみると、日本の名目GDPは490兆円、株式時価総額は560兆円ですので、バフェット指数は114%と100%を上回っています。この数字からも、日本の株価はその時点では実力以上に上がっていたのではないか、と考えることができます。

ゆうちょの預入限度額引き上げは、異次元緩和の出口戦略?

米国もリーマン・ショック以降は「量的緩和」を行い、第3弾(以下、QE3)まで行っていましたが、ある程度景気が回復したとの判断から2014年10月にそれを終了し、マネタリーベースを徐々に減らそうとしています。

日銀は現在、300兆円を超える国債を保有し、期間を限定することなく、さらに年額約80兆円のペースで買い続けています。米国同様、日本の景気が良くなったと国民が実感できるようになれば、国債の買い取り額を徐々に減らしていくことになりますが、今のところ量的緩和を縮小、あるいはやめる時がいつなのかの見通しは立っていないどころか、日本も「第3弾」を行うのではないかという話まで出ています（先にも述べたように、私は追加緩和には反対です）。

そして、日本の景気が上向かなかったとしても、異次元緩和をやめざるを得ない日がやってきます。これまで述べてきたように、日銀が大量の国債を抱え続けているリスクの大きさやその不健全性を考えれば、異次元緩和はいつまでも続けられる政策ではないからです。

つまり、異次元緩和政策の出口戦略を考えておく必要があるのですが、どのような出口戦略が考えられるでしょうか。

私は、「ゆうちょ銀行の一人あたりの預入限度額を1000万円から3000万円に引き上げる」という自民党の提言が発表されたニュースを読んだとき（2015年6月）、「これが出口戦略への第一歩に違いない」とピンときました。どういうことか説明しましょう。

異次元緩和を終了すれば、日銀は大量に持っている国債を減らしていく必要がありますが、100兆円単位の国債の引き受け手はそう多くはありません。

ゆうちょ銀行の総資産は現状約200兆円で、メガバンクとほぼ同水準ですから非常に大きいのです。預入限度額が1000万円から3000万円へと3倍になれば、さらにその資産額は拡大します。そのゆうちょ銀行に国債を抱えてもらえれば、日銀としては、現状300兆円以上保有している国債を適正額（100兆円程度と考えられる）にまで減額することができます。

もちろん、その分、ゆうちょ銀行が国債の価格変動リスクをもつわけですが、ゆうちょ銀行は原則、国債を満期保有すると考えられるので、国債がデフォルトにでもならない限りは、価格変動リスクを回避することができるのです。少なくとも、中央銀行である日銀が国債の価格変動リスクを大きくもつよりも、経済全体としてはずっと健全です。

一方、競争相手となる地方銀行はトップクラスでも総資産が15兆円弱で、信用金庫にいたっては数千億円規模のところもあります。日本のお金の総量は決まっていますから、もし、ゆうちょ銀行に100兆円以上の資金が吸い上げられてしまうと、立ち行かなくなる地銀や信金が出てもおかしくありません。まさに死活問題ですから、民間金融機関はそろって猛反対しているというわけです。

ゆうちょ銀行は、郵便局の郵便貯金からできた銀行ですから、民営化した現在でも、国の「暗黙の保証」があると考えられて信頼度は高く、しかも、全国津々浦々に店舗（郵便局）がありますから、特に地方では利便性も圧倒的に高いのです。

日本の個人金融資産は、約1700兆円ですが、そのおよそ半分が預貯金です。ゆうちょ銀行の預入限度額が引き上げられれば、現在の金融機関から預け替える人が出ることは火を見るよりも明らかです。民間金融機関がそろって反対するのもうなずけます。

しかし、日銀の出口戦略を考えると、ゆうちょ銀行に100兆円単位で国債を引き受けてもらうことが望ましく、そうしたことを考えれば、限度額を2000万円にすることで決着しそうな気がします。民間金融機関、特にメガバンクは次の項で説明するように日銀が今保有している国債を買い戻したくないという事情もあります。

自民党が引き上げ案を政府に提案したのは、2016年7月の参議院選挙をにらんで、全国郵便局長会（全特）の求めに応じたからだと言われていますが、私は異次元緩和の出口戦略の意味合いも大きいのではないかと思います。

メガバンクが国債を保有したくない二つの理由

ゆうちょ銀行と資産規模が同じぐらいのメガバンクを引き受け手にしてもいいのではないか。そう考える人もいるでしょう。しかし、メガバンクには日銀から放出される大量の国債の引き受け手になりたくない理由が二つあります。

一つは、メガバンクはすでに十分な量の国債を持っており、これ以上金利が下がることは考えられませんから、金利が上昇すれば国債価格は下落します。価値が下がることが分かっている国債を保有したい銀行などありません。特に日銀が国債を放出し始めると、国債価格が下落（金利が上昇）するリスクが大きくなります。

もう一つの理由は、バーゼル銀行監督委員会が銀行の健全性を維持するために、新たな自己資本比率の規制ルールを検討しており、それがメガバンクに適用される可能性があるためです。

自己資本比率は、自己資本÷資産で計算します。これは一般企業も同じですが、銀行が少し違うのは、「掛け目」がある点です。

これまで、安全性の高い先進国の国債は、この掛け目がゼロでした。だから、先進国の国債をいくら持っていても、分母の資産は増加しないので、自己資本比率は下がりませんでした。

ところがギリシャ問題があったことから、先進国の国債に対してもいくらか掛け目をかけようという動きが出てきており、掛け目をかければ、自己資本比率はその分下がります。ましてや日本の銀行が持っているのは日本国国債です。日本国国債は、先にも説明したようにムーディーズの格付けで上から5番目、中国や韓国の国債よりも低い「Ａ１」ですから、掛け目の数字が大きくなる可能性があります。

掛け目が大きくなれば、それだけ自己資本比率が下がってしまいますから、メガバンクは日本国国債をこれ以上保有したくないのです。

この基準変更には、銀行が多くの国債を保有する日本と米国が反対、欧州が賛成の立場をとっています。今後基準が変更されてもこの基準が適用される可能性があるのはメガバンクだけですが、金利が上昇する局面で国債を保有したい銀行はありませんから、他の銀行にしても日銀が異次元緩和をやめて国債を放出する際、引き受け手になりたくないのは同じです。

一方、満期がきた国債は、償還しなければなりません。償還資金を調達するためには、新たな国債の発行が必要で、年間で数十兆円規模の国債を借り換えなければなりませんから、いずれにしても、引き受け手が必要なのです。

こうした点から考えると、日銀が放出する国債の引き受け手として、ゆうちょ銀行が最適、いや、ゆうちょ銀行しか選択肢がないと言えるのではないでしょうか。

何とか納得できる唯一のシナリオ

ゆうちょ銀行が保有する国債は、２０１４年3月末が１２６兆３９１０億円、２０１５年3月末が１０６兆７６７０億円でした（日経速報ニュース２０１５年5月15日より）。年々、国債の保有を減らしていますが、預入限度額が１０００万円でも１００兆円以上の国債を保有できるのですから、３０００万円に引き上げたら数百兆円の国債を保有することができるはずです。

各銀行も、表向きは大反対ですが、国債を押しつけられても困るので、妥協の余地は十分にあります。私は、預入限度額を3000万円ではなく、2000万円へ引き上げることで折り合うのではないかと予想しています。

さらに言うと、ゆうちょ銀行は11月4日に上場することが決まっていますが、その後、さらに民営化が進めば、新たな市場を目指してくることになるでしょう。

それが高い確率で住宅ローン事業だと私は考えています。

住宅ローンは、実は民間銀行にとってはドル箱です。なぜなら、担保をとっているうえに、借り主は生命保険に入りますから取りっぱぐれることがほとんどありません。リスクがほぼゼロで、なおかつ、企業相手ではなく、個人相手ですから利ざやも大きい。住宅ローンというドル箱をゆうちょ銀行にとられることは、中小の銀行にとっては大打撃なのです。

しかし、ゆうちょ銀行が新たに預かったお金で国債を買うことになれば、この大打撃をある程度回避することができます。こういった思惑からも、ゆうちょ銀行の預入限度額は2000万円に引き上げることで折り合い、その代わり、日銀の保有する国債を100兆円単位で買うことになるのではないか、というのが私の仮説です（逆に、ゆうちょ銀行の預入限度額を引き上げる代わりに、住宅ローンには当面参入しないという妥協案も考えられます)。

これなら、異次元緩和の出口戦略にもなりますし、メガバンクや中小の銀行にとっても悪い話ではない。日銀が抱えているリスクをゆうちょ銀行が抱えることになりますが、先ほども述べたように、ゆうちょ銀行は国債の満期保有が原則で、万一、ゆうちょ銀行に何かあっても日銀が助ければいい。多くのステークホルダーが何とか納得できるシナリオなのではないでしょうか。

「東京オリンピックまでは景気がいい」は大ウソ

ただ、ゆうちょ銀行を、日銀が放出する国債の引き受け手にしたとしても、いずれ限界はきます。毎年、数十兆円単位で国債を発行して借り換える必要があるからです。金利が上がり始めれば、もっと増えます。

最終的には、財政健全化しか解決策はなく、財政健全化のためには成長戦略が不可欠です。しかし、アベノミクスの３本の矢の一つ、成長戦略がどれもこれまでは期待はずれの内容で、本当に日本が成長しそうな政策が見出せていません。

安倍内閣は「新3本の矢」として、名目GDP600兆円を目指すとしていますが、これとてやはりそのための具体策が必要なことは言うまでもありません。TPPには期待をしていますが、それだけでは心もとないと言わざるを得ません。

政府は、プライマリーバランス（基礎的財政収支）の赤字を2020年度にゼロにすることを目標にしていますが、それでも国債残高は1000兆円を超え、その利払いも残ります。

東京オリンピック・パラリンピックのおかげで、2020年までは日本の景気はいいと楽観視している人もいるかもしれませんが、私に言わせればとんでもない見当違いです。

1964年の東京オリンピック当時、日本の名目GDPは約30兆円でした。今は約500兆円です。経済規模が16倍以上も違うのですから、オリンピックの経済効果など現在の日本にとっては微々たるものなのです。

国立競技場を新しくつくっても、選手村をつくっても、ホテルを新たに建てても、景気全体から見れば大した刺激になりません。

逆に、２０２０年まで景気がいいはずがないということは言えます。２０１５年夏に中国発の株価調整が起こり、景気拡大が続かないと考えている人も増えていると思いますが、別の観点からも、そう言えるのです。戦後最長の景気拡大は、２００２年から２００７年にかけての5年間です。成長率が高くなかったので、あまり実感できなかったかもしれませんが、期間としてはこのときが最長で5年間でした。

なぜ5年間にもわたって長期に景気拡大することができたかと言えば、中国が10％以上の成長を続けていたからです。日本の対中輸出が拡大し、その恩恵にあずかることができたからです。

それでは、なぜ中国が10％以上の経済成長を続けることができたかと言えば、中国最大の貿易相手地域であるＥＵと米国の経済が絶好調だったからです。

当時、中国は世界の大消費地になる前で、世界の工場でした。安い商品を大量につくり、それを米国とＥＵで売りまくることで、日本の高度経済成長期と同様に10％以上の経済成長を成し遂げたのです。

米国の経済が絶好調だったのは、住宅バブルにわいていたからでした。サブプライムローンによって、本来なら家を買えない人にまで家を買えるようにしました。個人消費が前年比で約7％も伸びていて、巡航スピード以上に米国経済は拡大していました。

一方、ＥＵは、ユーロの通貨統合により、高金利にあえいでいた南欧諸国が低金利になり、ローンで家や車を買う人が増えて、消費が拡大しました。スペインでは住宅バブルまで起こりました。増えた消費分だけ、ドイツなどの輸出が伸びたわけですからＥＵ全体が膨張していました。

米国、ＥＵ、中国の好景気に引っ張られて日本も戦後最長の景気拡大となったのですが、同じようなことがここ数年内に起こる確率は大変低いでしょう。

米国の経済は堅調ですが、住宅バブルのようなことは起きそうもありませんし、ＥＵはギリシャ問題を何とか乗り越えたに過ぎず、青息吐息の状態です。

そして、中国経済が減速を始めたのも間違いないとなると、日本の景気が２０２０年まで好調が続く理由などまったくもって見つかりません。

◆◆◆◆◆ 注目は2016年4-6月期のGDP

さらに、２０１７年４月に消費税増税が予定されています。消費税を上げて景気が良くなることもまた99％ありません。先に説明したように、２０１４年４月に８％に消費税を上げたあと消費が冷え込み、10％への２度めの消費税増税が当初の予定通りできないほど日本経済が疲弊したから延期されたのではなかったでしょうか。

つまり、２０１７年４月に消費税増税を行えば、よほど世界経済が良くない限り、日本の景気が後退することは目に見えています。

では、再延期すればいいのではないかと思うかもしれませんが、話はそれほど簡単ではありません。消費税増税を行わなければ、財政悪化を理由に国債の格付けが下げられる可能性があります。

今でも高くない国債の格付けがさらに引き下げられると、国債が売られたり、円が売られたりするかもしれません。消費税増税を行わなければ、財政悪化に歯止めがかからず、何かのきっかけで日本国債や円が暴落するリスクが高まるということです。

消費税を上げるのも、上げないのも、それぞれに大きなリスクがあるのです。

前にも述べたとおり、２０１７年４月の消費税増税は、２０１６年８月半ばに発表される**４－６月期のＧＤＰが大きな判断材料になります。どのような数値になり、それに対して安**

倍政権がどういった判断をするのか、非常に注目です。

以上、２０１２年12月に発足した安倍内閣の経済政策「アベノミクス」を、異次元緩和を中心に経済指標を見ながら検証、説明してきました。

また、経済指標の数値を「関連づけ」、いくつもの「仮説」を具体的に立ててきました。

ここでは、私の仮説にもとづき説明してきましたが、さまざまな経済指標を継続的に見るようになれば、次第に数値を見て考えることができるようになると思います。

そして、みなさん自身が、自分の頭で考えた仮説を立て、その仮説をさまざまな数値で検証できるようになれば、経済指標を見ることが楽しくなり、今の何倍も、何十倍も経済が見えてくることでしょう。

第2章

「激動の世界経済」を数字で検証

――米国・EU・中国経済は、この指標を必ずチェック！

前の章では、「アベノミクス」を中心に、日本経済の現状を、経済指標を使って見てきました。この章では、さらに視点を広げて、世界経済の現状を見てみましょう。世界経済がどのように動いており、また、日本経済や世界各国の経済に密接なつながりがあることが分かり、とても興味深いものがあります。

毎月、日本時間の第一金曜日の夜に発表される、きわめて重要な経済指標とは何かをご存じですか？

その答えは、米国の「雇用統計」です。世界中の投資家やエコノミストがこの結果に非常に注目しています。日本の市場関係者の中には夜遅くまで会社に残って、パソコンのモニター画面を食い入るように見ている人も少なくありません。この結果いかんで、市場が大きく変化するからです。

世界各国の経済は相互に関連しており、特に米国、EU、そして中国の経済の状況に多大なる影響を受けます。もちろん、日本もその例外ではありません。

そこでこの章では、さまざまな経済指標を使って、米国、EU、中国の経済状況を理解していきます。それぞれの経済状況がどうかということも重要ですが、それ以上に大切なのは、世界経済がどのように密接に関係しているのかを知ることでしょう。

この章を読めば、経済の見方が深まるだけでなく、世界の政治や社会の問題についての関心も高まり、いろいろなことに興味が出てくると思います。ぜひ、世界に目を向けて知識の幅を広げるきっかけにしてください。

◆◆◆◆◆◆ 米国・EU・中国のGDPは世界全体の約6割を占める

経済指標の中で一番重要な数値は何かと聞かれたら、私は迷わず「GDP」と答えます。

では、日本の名目GDPがいくらだったか覚えていますか。

そう、約500兆円ですね。

この日本のGDPを超える国が世界に二つあります。それが米国と中国であることは誰もが知っていると思いますが、それぞれのGDPがいくらぐらいか答えられる人は少ないのではないでしょうか。

IMF（国際通貨基金）が2015年4月に発表した各国の名目GDP予測によると、米国の名目ＧＤＰは約18兆ドルで、中国は約11兆ドルです。この二国に割って入るのがＥＵ（欧州連合）で、約16兆ドル。日本は約４・２兆ドルです。

世界の名目ＧＤＰの総額は約75兆ドルと推定され、米国一国だけで世界のＧＤＰの約４分の１を生み出していることになります。

米国の名目ＧＤＰは日本の約４・３倍、ＥＵは日本の約３・８倍、中国も日本の約２・６倍もあります。ＧＤＰで中国に抜かれたのは２０１０年でしたが、それからわずか５年で円安もありますがずいぶん引き離されました。

ちなみに、日本の名目ＧＤＰは、バブルが崩壊した１９９０年代前半から５００兆円前後でまったく増えていませんが、米国は１９９０年代前半、６兆ドル台でしたから約３倍に増え、中国は５０００億ドル弱でしたから、何と20倍以上です。

日本が「失われた20年」などと言っている間に、世界は確実に成長していたのです。

米国、ＥＵ、中国の名目ＧＤＰを合わせると約45兆ドルとなり、世界の名目ＧＤＰの実に６割を占めます。世界経済を知るために米国、ＥＵ、中国の経済を見ることが必要不可欠なのはこのためです。

【米国編】

欧米の株価も企業の実力以上に上がっている

まずは、その米国経済を見ていきましょう。

米国の「企業収益」を見ると、2014年の7－9月期がピークで、徐々に下がっていることが分かります。つまり、企業業績は伸びていないということです。これはこのところの米ドル高で輸出が伸びないのと、原油価格の下落で、シェールガス・オイルなどのエネルギー産業が冴えないためです。

次に、**「NYダウ」**を見てください。2012年が1万3104ドル、2013年が1万6576ドルだったのに対して、2015年は1万8000ドル台まで上がったのち、調整をしています。

この二つの経済指標を関連づけて考えれば、企業業績に裏打ちされた株価上昇ではなかったことが分かります。

では、どうして株価が上がったかと言えば、日本と同じで、米国の日銀にあたるＦＲＢ（連邦準備制度理事会）の量的金融緩和（ＱＥ）であふれ出たお金が株式市場に流れていったからです。ただ、米国は、この量的金融緩和第３弾（ＱＥ３）を２０１４年10月にやめました。

米国の短期国債の利回りを表わす**「ＴＢ３カ月」**は、「財務省証券３カ月物」の金利のこ

	米国の企業収益(税込)
2012年	1998.2
2013年	2037.4
2014年	2072.9
2014年７－９月期	2161.0
2014年10－12月期	2135.5
2015年１－３月期	2012.5
2015年４－６月期	2083.0

出所：日本経済新聞8月10日、10月12日
注：単位は10億ドル

	NYダウ
2012年	13,104
2013年	16,576
2014年	17,823
2015年1月	17,164
2月	18,132
3月	17,776
4月	17,840
5月	18,010
6月	17,619
7月	17,689
8月	16,528
9月	16,284

出所：日本経済新聞10月19日
注：単位はドル

とで、政策金利である「FF金利」（詳細は後述）とほとんど連動しているのですが、ほぼゼロ％で推移しています。

日本は異次元緩和を続けていますし、EUも量的金融緩和をしているため、世界中でお金が余っている状態で、その余ったお金が株式市場に流れ込んで株価が上がっていた部分が大きいと考えられます。

	TB3カ月
2012年	0.05%
2013年	0.07%
2014年	0.05%
2015年1月	0.01%
2月	0.01%
3月	0.03%
4月	0.01%
5月	0.01%
6月	0.03%
7月	0.07%
8月	0.01%
9月	0.01%

出所：日本経済新聞10月19日

	ドイツDAX	英国FT100種
2012年	7,612	5,897
2013年	9,552	6,749
2014年	9,805	6,566
2015年1月	10,694	6,749
2月	11,401	6,946
3月	11,966	6,773
4月	11,454	6,960
5月	11,413	6,984
6月	10,944	6,520
7月	11,308	6,696
8月	10,259	6,247
9月	9,660	6,061

出所：日本経済新聞10月19日

ＥＵの株価も確認しておくと、「**ドイツＤＡＸ**」「**英国ＦＴ１００種**」を見ると、２０１２年に比べて高値圏で推移し、その後少し調整していることが分かります。世界的なカネ余りが株価を押し上げていたのですが、実体経済に十分裏打ちされているわけではないので、何か不安材料があれば、下がってしまうのも日本と同じです。企業の実力以上に上がった株価が調整されて下がるのは、自然の成り行きだと言えるでしょう。

株価と企業業績というのは、本来、強い関連性がありますが、量的金融緩和といった金融政策の影響も受けますし、それ以外の理由で株価が上下することもあります。企業業績だけで株価が上下するのであれば、株価を予測するのは比較的簡単なことなのですが、それ以外にも変数がたくさんあるため、なかなか難しいのです。

これは株価に限りません。**経済指標というのは、いろいろな数字の影響を受けます。お互いに影響を受け合って動くと言ってもいいでしょう。その複雑な関わり方を勉強するのが、経済を勉強するということであり、世の中の動きを勉強するということ**なのです。

日本の経済指標が発表されるときはもちろん、米国やＥＵ、中国の経済指標でも大事なものが発表されたときは必ずニュースになります。最近では先ほどの米国の雇用統計とともに、中国の「ＰＭＩ」という指標にも世界中が注目しています。景気を最も身近で感じている企業の購買担当者などに、景気の動向を調査している指標です。

それらに関連する記事を一つひとつ読んで理解するとともに、他の経済指標と関連づけて理解することも重要です。

また、何かの理由で経済指標のニュースを読み逃すこともありますから、日経新聞の月曜日に掲載される「景気指標」面を確認のために活用するとよいでしょう。実際、私はそうしています。

「NYダウ」はわずか30社の株価の平均

米国の株価を表わす経済指標としては、先ほど見たＮＹダウのほかに、**「S&P500」**と**「ナスダック総合指数」**があります。

ＮＹダウは、「ダウ・ジョーンズ工業株平均」のことで、ダウ・ジョーンズ社が１８９６年に算出し始めた、世界で最も歴史のある株価指数です。

このＮＹダウが、わずか30銘柄の株価を平均した数値だと言うと驚かれる人もいるでしょう。もちろん、米国を代表する大企業であるGEやアップル、ナイキ、P&G、ウォルマート、ディズニーなどのそうそうたる名が並ぶのですが、それでも30社の株価で米国の株式市場の動向を見ているというのは意外かもしれません。

この30銘柄には入れ替わりがあり、たとえば、アップルが組み入れられたのは2015年3月のことで、代わりに通信大手AT&Tが外れました。こうした**銘柄入れ替えでは、業績の良い銘柄が選ばれ、業績が芳しくない銘柄が外されるため、結果として数字が良く見えるというバイアスがかかる**ことになります。

NYダウのこの欠点を補うために見ておきたいのがS&P500です。スタンダード・アンド・プアーズ（S&P）社が、ニューヨーク証券取引所などに上場している主要500社の株価を対象に算出している株価指数です。

500社が対象ですから、米国の株式市場全体を見るためには、NYダウよりもS&P500のほうが適しているのですが、NYダウがあまりに有名になったため、ニュースになるのはこちらの値動きのほうが多いのです。

ナスダック総合指数は、ハイテク企業やベンチャー企業が数多く上場しているナスダック（NASDAQ）市場の株価指数です。3000以上の銘柄すべてが対象で、アマゾンやグーグル、アップル、フェイスブック、マイクロソフト、インテルなどの名だたるＩＴ企業が上場しているため、ＮＹダウに負けないくらい重要な指標と言えるでしょう。

中央銀行の二つの役割

日本は日本銀行が中央銀行ですが、米国ではＦＲＢ（連邦準備制度理事会）がその役割を担い、ＥＵはＥＣＢ（欧州中央銀行）が担っています。

これら中央銀行の役割は主に二つです。一つは、景気を調整してインフレを抑制する（またはデフレから脱却する）こと。景気の過熱を抑えるとともに、失業を抑えるのです。もう一つは、民間金融機関を支えることです。

景気がいいときは、失業者は減りますが、インフレになって国民生活が大変になります。逆に、インフレがおさまっているときは景気があまり良くないときで、失業者が増えます。したがって、インフレになり過ぎないようにしながら、景気を支え、失業者が減るように「金融調整」を行っているのです。

金融調整の具体的な方法は、１日だけ銀行間でお金を貸し借りする市場に中央銀行が介入して、金利を調整するというやり方です。

金利は、貸し借りの期間が長くなればその分リスクが高まるので上がるのが普通です。ただ、長期金利に関しては、通常はそこに中央銀行が介入することはしません。

そこで、中央銀行は、一番短期間の貸し借りの市場に介入することで、金利を調整しているのです。この金利のことを**「政策金利」**と呼びます。

日本の場合は、「コールレート翌日物」が政策金利で、米国では、**「フェデラル・ファンド金利（FF金利）のオーバーナイト物」**がそれに当たります。日銀と同様、1日だけ銀行間でお金を貸し借りする市場にFRBは介入しているのです。

先ほど見た米国のTB3カ月という経済指標は、3カ月物の短期国債の金利を表わしたものですから、FF金利の影響を強く受けるため、ほぼ連動して動くのです。

この米国の政策金利であるFF金利ですが、2007年9月にサブプライム問題に端を発した世界同時金融危機までは、5・25%ありました。サブプライムローンによる住宅バブルで景気が非常に良かったため、金利を高くしてインフレを抑制していたのです。

その後、景気の悪化とともに少しずつ金利を下げ続け、とうとう2008年12月に0・2

5%とほぼゼロになりました。

ところが、金利をゼロにする「ゼロ金利政策」をとったにもかかわらず、景気が上向くことはありませんでした。だから、量的金融緩和を3回もやったのです。

金利を調整することで景気をコントロールしようとする方法を「伝統的手法」と呼ぶのに対して、量的金融緩和のような伝統的手法から逸脱したやり方を「非伝統的手法」と呼びます。

伝統的手法だけでは景気を刺激することができなかったため、FRBは、非伝統的手法である量的金融緩和を「QE」「QE2」「QE3」と3度にわたって行いました。

やり方は日本同様、民間金融機関から国債を買うのが主でしたが、QE3では住宅ローン債権を買ったのが日銀より賢いところです。なぜなら、FRBが住宅ローン債権を買うと、債券価格は上がり、金利は下がります。金利が下がれば、住宅投資がしやすくなり、それにより大幅に下落した住宅価格を底支えし、景気を刺激することになるからです。

◆◆◆◆◆◆なぜ「米国の利上げ」に世界が注目するのか？

ようやく米国の景気回復にメドが立ち、非伝統的手法である量的金融緩和をＦＲＢがやめたのが、２０１４年10月でした。非伝統的手法が終わり、伝統的手法である金利の調整に戻ってくる段階にきたわけです。

本来、金利ゼロというのは異常な状態で、お金を銀行に預ければ金利がある程度はつくのが正常な状態です。借入金利が低すぎるのも、モラルハザードを生みやすくなります。

次の景気後退に備えるためにも、ＦＲＢとしては、できるだけ早く金利を正常な状態（２～３％程度）に戻したいわけです。金利がゼロのときに景気後退が始まってしまうと、再び、非伝統的手法である量的金融緩和に逆戻りせざるを得なくなります。それを避けるためにも、できるだけ早く金利を上げて正常な状態に戻し、中央銀行としてのフリーハンド（自由度）を確保しておきたいのです。

ＦＲＢが政策金利を上げるかどうかを決めるのが、「ＦＯＭＣ（連邦公開市場委員会）」です。日銀の「政策決定会合」にあたります。

ＦＯＭＣの委員に行ったアンケートによると、米国経済がこのまま順調に回復し、世界経済も順調であれば、２０１７年には政策金利は３％台に戻ると委員たちが考えていることが分かっています。

その手始めとして、最初の金利引き上げがいつ行われるのかに世界中が注目しているわけですが、２０１５年９月に行われたＦＯＭＣでは金利引き上げは見送られました。

これは、米国の経済指標が悪かったというより、８月に起きた中国発の世界同時株安で世界経済に暗雲が立ち込め始めたため、金利引き上げによる悪影響を避けるためにＦＲＢが自重したのです。

米国が金利を上げると、中南米やアジアなどの新興国に投資されたマネーが吸い上げられて、米国に還流する可能性があります。リスクの高い新興国に投資するよりも、安全、確実な米国国債を買って３％前後の金利が得られるのならそのほうがいい、と考える投資家も少なからずいるからです。

その証拠に、新興国通貨はすでにかなり売られています。新興国経済にとって、これは痛手です。新興国経済がガタつくことは世界経済にとっても、米国経済にとっても良いことではありませんから、ＦＲＢは９月の金利引き上げを見送ったと見ることもできます。

2015年のFOMCは10月末と12月半ばに予定されていますが、どちらかで金利引き上げが行われ、先ほど述べたように、米国経済と世界経済が順調であれば、2年くらいで政策金利が3％程度まで上がり、それにつれて長期金利も上昇していくと考えられています。

米国の長期金利を表わす経済指標としては、**「10年国債利回り」**があります。米国の国債を発行するのが財務省のため、正式には「財務省証券」と呼ばれ、その10年物の利回りが10年国債利回りで、米国の長期金利のバロメータとなっています。

ちなみに、先ほど紹介したTB3カ月は、財務省証券3カ月物の金利です。米国の長期金利、短期金利を知りたいときには、この二つの指標を見るとよいでしょう。

◆◆◆◆◆◆「雇用」を見れば米国経済が分かる

より具体的に米国の経済指標を見てみましょう。

数ある指標の中でもっとも注目度が高いものの一つは、先にも触れたように**「雇用統計」**です。米国の企業は業績が悪くなると比較的早い段階でレイオフ（一時的な解雇）を行いますし、景気が回復すれば雇用をすぐに増やします。したがって、雇用者数の増減が、景気の良し悪しを表わしていることが多いのです。また、失業者数や失業率は政策上とても重要度が高いので、雇用情勢が、ＦＲＢのみならず、米国政府の政策にも大きな影響を与えます。

雇用統計は、米国労働省が毎月第一金曜日の午前8時30分（米国東海岸時間。日本時間では金曜日の夜10時30分）に発表するのですが、世界中のエコノミストや投資家がこの結果に非常に注目しています。この数値いかんによって、先ほどの政策金利が変わったり、他の政策に影響を与えることも多く、株式、為替、債券などの価格が大きく動くからです。

	米国の非農業部門雇用者数の増減	アメリカの失業率
2012年	225.7万人	8.1%
2013年	238.8	7.4%
2014年	311.6	6.2%
2015年1月	20.1	5.7%
2月	26.6	5.5%
3月	11.9	5.5%
4月	18.7	5.4%
5月	26.0	5.5%
6月	24.5	5.3%
7月	22.3	5.3%
8月	13.6	5.1%
9月	14.2	5.1%

出所：日本経済新聞10月19日

雇用統計の中でもまず見るべき指標は、**「非農業部門の雇用者数」**の増減です。前述したとおり、米国の経済状況を知りたければ、ここをチェックしてください。これは、全米の30万以上の企業や事業所に、雇用者数の増減をヒアリングして算出したものです。現状では、この数値が**「1カ月に20万人以上増えていれば米国経済は好調だ」**と考えられています。

月20万人の増加は年換算では240万人の増加です。これを基準値とすると、2012年は225万人、2013年も238万人でほぼ巡航スピード、2014年は311万人で米国経済が回復して好調であることが分かります。

ちなみにリーマン・ショックのあった2008年はマイナス約360万人、2009年もマイナス約500万人で、合わせて860万人もの雇用が失われました。

その後、2010年から雇用は増え始め、2014年までにおよそ1000万人増えましたので、失われた雇用は完全に戻ってさらに増え続けています。

2015年も7月まではほぼ毎月20万人以上増えており、米国経済は巡航スピードで好調だと言えたのですが、8月、9月と15万人を下回ってしまいました。10月以降、再び20万人を上回るようになるのか、今後の米国経済を占ううえでも要注目で、この数値もFRBがいつ政策金利を上昇させるかを決定する大きな要因です。

もう一つの重要な指標である**「失業率」**は5%前半です。3%前半の日本と比べると高いですが、2009年10月に10%だったことを考えると、6年かけて半分近くにまで下がってきました。

5%前半の失業率というのは、意味合いとしては日本の3%前半とほぼ同じで、かなり低い数字です。日本よりベースの数値が高いのは、米国のほうが転職が多く、雇用の流動性が高いためです。米国の失業率は、景気が良いときは5%前後に低下し、景気が悪くなると10%前後に上昇するというのが、おおよその目安です。

このように「雇用」に関する指標を見ると、米国経済は回復し、おおむね好調であることが分かります。

雇用の「質」はまだ低い

ただ、FRBのジャネット・イエレン議長は、ケインズ派の経済学者で、雇用の「質」をとても重視しています。ケインズ派の経済学者を「ケインジアン」と呼びますが、ケインジアンは、金融調整や景気対策を行う大きな目的は失業対策にあると考えています。

米国も日本同様、非正規雇用が増えていて、賃金も安く、雇用も安定しませんから、雇用

	米国の時間当たり賃金の前月比	米国の消費者物価の前月比	米国の卸売物価の前年比
2012年	1.5%	2.1%	1.9%
2013年	2.0%	1.5%	1.3%
2014年	2.3%	1.6%	1.6%
2015年1月	0.4%	▲0.7%	0.0%
2月	0.0%	0.2%	▲0.5%
3月	0.3%	0.2%	▲0.9%
4月	0.1%	0.1%	▲1.1%
5月	0.3%	0.4%	▲0.8%
6月	0.0%	0.3%	▲0.7%
7月	0.2%	0.1%	▲0.8%
8月	0.3%	▲0.1%	▲0.8%
9月	0.0%	▲0.2%	▲1.1%

出所：日本経済新聞10月19日
注：「時間あたり賃金」と「消費者物価」の2012年、2013年、2014年の数値は前年比

の質という点ではまだ十分ではないとも言えます。以前にも、雇用の質が十分改善するまで金利を上げないと言っていました。

雇用の質を見る指標の一つが「**時間あたり賃金**」です。前月比で0・数%の伸びにとどまっています。この数字には、正規雇用と非正規雇用、両方とも含まれています。

2012年1・5%、2013年2・0%、2014年2・3%となっていますが、こちらは年率で前年比です。

では、2012年2・1%、2013年1・5%、2014年1・6%、これらの数字が何の指標の数値か分かるでしょうか。

「**消費者物価**」の前年比の数字、つまりイン

フレ率です。この二つの指標を見比べると、２０１２年はインフレ率が時間あたり賃金の伸び率を上回ってしまっています。

２０１３年、２０１４年は、賃金の上昇率がインフレ率を上回っていますが、それでも０・数％上回っている程度です。つまり、**物価上昇分を差し引けば、賃金は０・数％しか上がっていない**ということなのです。

こうした指標を見て、ケインジアンであるイエレン議長が、雇用の「質」はまだ十分に改善していないと認識したことも、金利を長く上げなかった理由の一つです。

指標で読む「金利を上げなかった」理由

また、消費者物価の前月比を見ると、２０１５年１月のマイナス０・７％を最後にプラスに転じていましたが、８月はマイナス０・１％と再びマイナスになってしまいました。

次に「**卸売物価**」の月々の前年比を見ると、直近はマイナスが続いています。

消費者物価は消費者が買う価格で、卸売物価は企業が買う価格ですが、どちらも低調で、インフレを心配するほどには高まっていません。

中央銀行の役割の一つであるインフレ抑制を行わなければならないほど、景気に過熱感はないということです。

　金利を上げることは、インフレの抑制につながりますが、その必要性からの金利上昇は今のところＦＲＢの視野にはありません。

	米国の個人消費の前年比
2012年	3.4%
2013年	3.1%
2014年	4.2%
2014年8月	5.0%
2014年9月	4.6%
2014年10月	4.7%
2014年11月	4.4%
2014年12月	4.0%
2015年1月	4.0%
2月	3.4%
3月	3.3%
4月	3.2%
5月	3.8%
6月	3.5%
7月	3.7%
8月	3.5%

出所：日本経済新聞8月10日、10月12日

　米国のＧＤＰが世界のＧＤＰの約４分の１を占めていると述べましたが、その米国のＧＤＰの７割を支えているのが**「個人消費」**です。単純計算で、**世界のＧＤＰの17％程度が米国の個人消費に支えられている**ということです。それだけに、米国の個人消費は、米国経済にとどまらず、世界経済をも左右するきわめて重要な指標なのです。米国の個人消費により世界中から物資を輸入しているからです。

　その個人消費の月々の数字を見ると、２０１４年８月には前年比プラス５％だったのが、

それ以降は４％台、３％台と下がってきています。

私は、**個人消費が前年比プラス５％台程度が続くとき、米国の経済は巡航スピードで好調**だと見ています。それに比べると、個人消費はそれほど伸びておらず、米国経済も絶好調とは言いがたい状況なのです。ちなみに、サブプライムローンによる住宅バブルのときは７％を超えていました。

この指標からも、特に急いで金利を上げる必要はないと言えます。

一方で、米国経済の好調さを裏付ける指標もあります。

それが**「自動車販売台数」**です。この台数は米国内の新車販売台数で、月の数字を年換算したものですが、１６００万台、１７００万台の数字が並んでいます。９月は１８００万台を超えています。これは、住宅バブルの頃とほぼ同じ水準です。米国の自動車業界が現在、絶好調であることは間違いありません。

リーマン・ショック後、自動車販売台数も急減しましたが、その前に買った人たちの買い替え需要があり、それが好調の原因でしょう。

米国では、毎日のように１００キロ、２００キロ、車で走るのは珍しくなく、どうしても

	米国の自動車販売台数(年率換算)	米国の住宅着工件数(年換算)	米ISM景気指数
2012年	1,444万台	78.1万戸	51.7%
2013年	1,553	92.5	53.8%
2014年	1,643	100.3	55.7%
2015年1月	1,663	108.0	53.5%
2月	1,631	90.0	52.9%
3月	1,706	95.4	51.5%
4月	1,669	119.0	51.5%
5月	1,763	107.2	52.8%
6月	1,695	121.1	53.5%
7月	1,747	116.1	52.7%
8月	1,772	112.6	51.1%
9月	1,806	—	50.2%

出所：日本経済新聞10月12日

傷みます。車は絶対的な生活必需品ですから、動かなくなったら買い替えるしかないのです。ただ、自動車ローンが出過ぎているとの指摘がある点には注意が必要です。

同じ耐久消費財でも、車より寿命の長い家はまだ買い替え需要の時期ではありません。

米国内の新築住宅の着工件数を表わす**「住宅着工件数」**を見ると、こちらも月の数字を年換算したものですが、100万戸前後の数字が並んでいます。

住宅バブルのときは、1年間に200万戸も住宅ができていましたから、その半分です。

私の基準は150万戸で、住宅着工件数が150万戸なら米国経済は好調なのですが、それに比べるとまだ少ないので、好調とまでは言えない水準です。

ただ、住宅バブルのときにたくさん家が建ったことを考えると、住宅は10年程度で住めなくなるわけではなく、中古住宅の取引も550万戸程度で活発ですから、「ずいぶん戻してきたな」というのが私の印象です。

住宅着工件数は2012年78万1000戸、2013年92万5000戸、2014年100万3000戸と順調に伸びてきており、巡航スピードまでは戻っていませんが、米国経済が回復基調にあることは、この指標からも分かるでしょう。

「米ISM景気指数」は、民間企業が調査しているもので、米国の製造業の購買担当者に景況感を聞いています。中国の「PMI」と同じで、製造業の購買担当者は景気に一番敏感な人たちだからです。

「50を超えると景気がいい」と言われるのですが、この数値もずっと50を超えています。

◆◆◆◆◆◆ 米国経済の今後の行方

先にも株価に関連づけて述べましたが、米国の経済指標で一つ心配なのが「**企業収益**」（88ページ参照）です。税込の数字を見ると、2012年1兆9982億ドル、2013年2兆3774億ドル、2014年2兆7229億ドルと順調に増えていたのですが、2014年7－9月期の2兆1610億ドルをピークに、10－12月期、2015年の1－3月期は減っています。4－6月期は少し戻しましたが、頭打ち感は今後も続きそうです。

米国の企業収益が頭打ちになっている理由は二つ考えられます。一つは、シェールオイルの価格が下がっていることによってエネルギー関連企業の業績があまり良くないことです。

もう一つは、ドルが新興国の通貨や円、ユーロに対して独歩高だったため、米国の輸出産業がなかなか振るわなかったことです。

イエレン議長は、2015年内に金利を上げるとすでに発表していますが、12月に政策金利を引き上げるかは微妙です。中国発の株式市場の動揺や新興国の経済への影響が大きいからです。米国の指標は総じて順調ですが、それでも絶好調とまでは言えないという点もあります。

では、もし、引き上げなかったらどうなるでしょうか。

短期的には、株が買われて株価が上がり、ドル安になります。ただ、金利が上げられないということは、世界経済が良くないか米国の経済がそれほど強くないことを裏打ちするようなものなので、長期的には株価も調整することになるでしょう。

中国経済が減速し、欧州経済も不安を抱える中、唯一、世界経済を引っ張ることができる機関車が米国経済です。その米国経済が良くないとなると株も売られることになるからです。

「アラブの春」は米国のQEが原因?

米国の経済指標に世界が注目するのは、米国経済が世界経済を引っ張る機関車だからだけではありません。経済面だけでなく、政治面でも、世界の国々に与える影響が非常に大きいからです。

たとえば、**「米国が量的金融緩和（QE）を行ったからアラブの春が起きた」**と言うと驚かれるかもしれませんが、そういった側面もあるのです。

ドルは世界の基軸通貨ですから、世界中に行き渡っています。そのドルが量的金融緩和で大量に増えると、世界のいたるところでインフレが起きる可能性が高まります。特に自国通貨が弱く、ドルを補助通貨のように使っている国では、その傾向が強まります。アラブ諸国も例外ではなく、インフレになりました。

インフレは国民の生活を直撃します。特に貧しい人たちは、物価が上がって食べ物が買えなくなると不満が高まり、それがいずれどこかで爆発します。

「アラブの春」と言うと、独裁政権を打倒する政治的な運動だったかのような印象がありますが、その下地にあったのはインフレによる生活苦といった経済への大きな不満でした。

チュニジアも、リビアも、エジプトも、米国から遠く離れた国ですが、世界経済はつながっており、米国の量的金融緩和の影響を受けてインフレになりました。

しかし、アラブ諸国の国民の不満の矛先は米国には向かわず、直接の統治者である独裁者に向かい、アラブの春が起きたのです。

「お金は経済の血液」とよく言われますが、問題が最初に起きるのは末端の毛細血管の部分であることが少なくありません。アラブ諸国の細い血管に大量のお金（ドル）が流れ込んできたからインフレという問題が起きましたが、今後も米国の経済政策により世界のどこかで大きな変化が起こる可能性があります。

１９９７年に起きたアジア通貨危機も、タイやマレーシア、インドネシアといった比較的経済規模の小さい毛細血管部分から米国という太い動脈にマネーが急激に吸い上げられたから起きたのです。

グアムを見て住宅バブルの崩壊を予想

逆に言うと、末端の変化を観察することで米国経済全体の先行きが見えてくることもあります。

たとえば、リーマン・ショックが起きたのは２００８年でしたが、私は２００６年頃から米国の住宅バブルは近々崩壊すると指摘していました。

それは、私には日本のバブル崩壊の経験があり、また米国の住宅着工件数や金利、個人消費などの経済指標を継続的に見続けていたからです。そうした数字の変化に加えて、ある定点観測によって「間違いない」と確信したからです。

定点観測のポイントはどこだと思いますか？

答えは、グアムです。米国の西の端にある小さな島（グアムは米国の準州）ですが、そんな末端だからこそ、米国本土でも今後同じことが起こるだろうと予測できました。なぜなら、最初に血液が行き届かなくなるのが末端だからです。

具体的に見たのは、不動産の「For Sale」の看板です。

私の会社は毎年2月に、グアム観光の中心地、タモン湾にあるホテルで経営者向けの合宿研修を行っているのですが、サブプライム危機が起こる半年前の２００７年2月には「For Sale」の看板が多く掲げられており、建設が途中でストップしてしまっている物件もちらほら見受けられました。それから半年後の8月にパリバ・ショックが起き、翌年9月にリーマン・ショックが起きました。

私は、日本全国を飛び回る生活を20年以上続けてきていますから、グアム以外にもさまざまな定点観測ポイントがあり、それらを継続的に見続けることは、経済を深く理解するのに大変役立っています。

ただし、経済を理解しようとするとき、こうした経済の現場――「現象」を、生でウォッチすることも重要なのですが、現象は経済の一部でしかありません。

「数字」は全体を表わします。経済指標や景気指標と呼ばれるいろいろな数字を継続的に見続けることで、経済や景気を数字で考え、数字で判断し、数字で全体を理解しています。現象は、あくまでもその一部ですが、それが全体像を表わすのか、それとも一部の特殊な状況なのかを判断しなければならず、それを検証するのが数字なのです。

数字で経済を理解したり、予測したりしたことを、自分の目で見た現象で「ああ、やっぱりそうだ」と確認することもありますし、逆に、現象として見たことで仮説を立て、その後の数字で確認することも行っています。

「数字」と「現象」はどちらも大事なのですが、数字で全体の流れを読み、現象で、仮説を立て、確認し、裏打ちするということです。ですから、経済を理解したいと思えば、数字と現象の両方を見て考え、「何が起きているのか」を理解したり、予測したりすることが重要なのです。

それからさまざまな現象を見ると、いろいろなことが分かり面白いのです。

グアムのタモン湾の真ん中、ハイアットホテルの隣の一番いい場所に建てていたホテルは、途中何度も建設が止まりましたが、最後は、デュシタニというタイの資本が建て上げました。

以前は、日系のホテルが多かったのですが、今、タモン湾で残っているのは日航ホテルぐらいです。昔、ホテルオークラだったところは、現在はロッテホテルです。

日本からの観光客が今でも一番多いのですが、韓国人や中国人が多かったときもありました。意外なところでは、ロシア人が増えたこともありました。

空港の免税店も日系のＤＦＳからロッテに代わりました。

グアムは、アジア経済の縮図のようなところで、定点観測しているだけでもアジアの中でどの国が好調なのか、不調なのかが自然に見えてきます（ただし、この現象から類推できることももちろん仮説ですから、数字などによりさらなる検証が必要なことは言うまでもありません）。

貯蓄率は日本よりも米国のほうが高い

	米国の貯蓄率	日本の貯蓄率
2009年	6.1%	2.4%
2010年	5.6%	2.0%
2011年	5.7%	2.7%
2012年	5.6%	1.3%
2013年	4.5%	0.9%
2014年	4.1%	0.6%

出所： OECD Economic Outlook

米国の経済指標に話を戻すと、「**貯蓄率**」も、米国経済が回復してはいるものの絶好調ではないことを表わしています。

米国は移民の国ですから、人々は本来チャレンジ精神にあふれ、アグレッシブです。経済が好調なら、貯金などせずに借金をしてでもお金を使う国民です。

住宅バブルのときがまさにそうで、ＯＥＣＤの「家計貯蓄率」を見ると、２００５年が１・５％、２００６年が２・６％、２００７年が２・４％でした。ところが、リーマン・ショックがあった２００８年には５・４％と倍増しました。そして現在は４％台です。

景気が悪くなると防衛本能が働くのか、貯蓄率が上がり、景気が良くなると貯蓄率が下がるのが米国です。

では、日本の貯蓄率は何%でしょうか。

真面目にコツコツ貯めるのが日本人というイメージがあるかもしれませんが、OECDの家計貯蓄率を見ると、2012年1・3%、2013年0・9%、2014年0・6%と、何と1%を切っています(内閣府の国民経済計算では、2013年度の家計貯蓄率はもっと低く、マイナス1・3%です)。

1990年代は10%以上あったのですから、何という変わりようでしょう。

なぜ、これほど日本の貯蓄率が低いのかと言えば、高齢者の比率が増えたからです。高齢者は年金だけでは生活できず貯蓄を取り崩して生活している人がいるため貯蓄率は低下します。

勤労者の貯蓄率は今でも10%以上ありますが、社会保険料が増え、消費税が上がったにもかかわらず、給料はあまり増えていませんから、こちらも増える傾向にはないでしょう。

◆◆◆◆◆日米貿易摩擦から米中貿易摩擦へ

1990年代、海外旅行に行くとどの国に行っても物価が安く感じたものですが、近年はまったく逆で、何を買うにも高く感じる人が多いのではないでしょうか。これは、日本の物価が20年前から上がっていないのに対して、世界各国の物価は上がっていたからです。

それだけ円の購買力が落ちたということで、これも、1990年代からがらりと様変わりしたことの一つでしょう。

	米国の貿易収支	うち対日
2012年	▲7,304.5	▲764.6
2013年	▲6,899.3	▲733.6
2014年	▲7,271.5	▲671.8
2015年1月	▲610.8	▲57.7
2月	▲559.5	▲41.8
3月	▲692.7	▲71.2
4月	▲594.1	▲71.2
5月	▲595.9	▲53.2
6月	▲623.3	▲52.3
7月	▲592.8	▲56.6
8月	▲666.0	▲51.5

出所：日本経済新聞10月19日
注：単位は億ドル

米国の経済指標としては、最後に**「貿易収支」**についても触れておきましょう。

米国は膨大な貿易赤字国で、経済の調子がいいときは年8000億ドルぐらいの貿易赤字になります。逆に、調子が悪くなると貿易赤字は縮小し、リーマン・ショックの翌年の2009年には約5000億ドルまで減りました。現在は、月600億ドル前後ですから、年間では7200億ドル程度の赤字ということになります。

ちなみに、米国の貿易赤字の約1割を占めるのが、対日本の赤字（日本にとっては対米黒字）です。かつては対日赤字が占める割合はもっと多く、そのころは「日米貿易摩擦」ということが盛んに言われました。

近年、日本に代わり米国の最大の貿易赤字相手国となっているのが中国です。当然、米国の最大の関心は対中赤字の削減のほうに移り、「米中貿易摩擦」のほうがより問題視されるようになりました。

◆◆◆◆◆ シェールオイルが世界に及ぼす影響

ところで、米国では、近年、シェールオイルが産出されているので、資源エネルギーの輸入が減っているわけですから、貿易収支がもっと改善してもいいと思うのですが、そうはなっていません。今後、シェールオイルやシェールガスを本格的に輸出し始め、資源輸出国になったときに貿易収支がどう変化するかに私は注目しています。

ここで原油価格についても述べておくと、世界には大きく3種類の原油価格があります。

一つは、「WTI(West Texas Intermediate)」です。これは、米国テキサス産の軽質油で、北米の原油価格の指標銘柄になっています。

二つめは、「ドバイ原油」。ドバイで取引されている中東産の原油の価格が指標価格になっています。

三つめが、「北海ブレント」。イギリスの北海油田の価格です。

なぜ原油の価格が産出地域で違うのかと言うと、まず原油の質が違うからです。硫黄分の量が多いと脱硫のコストがかかります。さらに輸送コストの違いも価格に反映されます。

以前は、産出量が少なかったため、WTIの価格が一番高かったのですが、シェールオイルの開発が進み、産出量が増え、かつ米国で使うので輸送コストがかからないことから価格が相対的に下がりました。

どの原油価格も2014年7月までは1バレル100ドル以上だったのですが、その後下がり続け、2015年1月には50ドルを割り込みました。2015年10月では40ドル台です。

ではなぜ、原油価格は半値に下がったのでしょうか。

現在、世界最大の原油の産出量を三つの国が争っています。一つはサウジアラビア、もう一つがロシア、そして米国です。

サウジアラビアを中心とするＯＰＥＣ（石油輸出国機構）が原油の減産を決めれば、原油価格は上がるのですが、ＯＰＥＣは減産に踏み切っていません。この理由については諸説ありますが、一つは、米国のシェールオイル開発を止めたいからでしょう。

シェールオイルの産出コストは他の原油よりも高く、１バレルあたり50ドル以上と言われています。50ドル以上かけて産出した原油を50ドル以下で売ったのでは、赤字で採算が合いません。当然、シェールオイルに向かう投資も減り、産出量も増加していかなくなります。

こうして、シェールオイルの産出量を減らすことで、ＯＰＥＣは原油価格を長期的に維持しようとしているのです。

ちなみに、サウジアラビアの産出コストは、１バレル10ドル程度と言われていますが、それでも原油から得られる収入が減ったため、サウジアラビアでは財政赤字となっています。

原油価格に絡むいろいろな思惑

シェールオイルの産出を減らすことには別の理由もあります。

OPECの中心国であるサウジアラビアが危惧しているのは、米国の中東地域への関心が薄れることです。

シェールオイルが出る前は、米国が使用する原油の半分近くを中東からの輸入に頼っていましたから、中東への関心が薄らぐなどということを心配する必要はまったくありませんでした。

ところが、シェールオイルが大量に出たことで、米国は原油確保という点ではこれまでほど中東へ関与する必要性がなくなっています。

しかし、中東地域を見ると、イラクやシリアをはじめ、イエメンなどでも内戦が広がっています。サウジアラビアも貧富の差が激しく、王族は世界有数の金持ちですが、砂漠で暮らしている人たちの中にはとても貧しい人たちもいます。国民の不満に火がつけば、サウジアラビアでも内紛が起きる可能性もゼロではありません。

サウジアラビアの政権が安定し、周囲の国の内戦を治めるためにも、米国の介入が欠かせないのです。

米国が、シェールオイルを輸出できるほど大量に産出できるようになると、中東への介入を弱めることができます。それによって中東のバランスが崩れるのを、サウジアラビアは一番恐れているのではないでしょうか。

サウジアラビアは、財政赤字に陥っていますし、原油も限られた資源ですから高く売りたいにもかかわらず、減産に踏み切らないのは、政治的要因が大きいからだと私は見ています。

原油価格が安価に抑えられていることは、輸入国である日本などにとってはいいことですが、輸出国にとっては自国の経済に与える影響は小さくありません。

ロシアもその一つです。ロシアはウクライナ問題でEUと対立していますし、サウジアラビアと敵対しているイランとは密接な関係です。原油価格が安価に抑えられているのは、ロシアを牽制するという思惑が働いている可能性もあります。

また、**IS（イスラム国）の収入源も原油ですから、原油価格が下がれば、買える武器の量が減ります。ISの活動を抑えるためには、原油価格が安いほうがいいという思惑もあり**

ます。

こうしたもろもろの思惑が絡まり合って、現在の原油価格になっているのでしょう。したがって、ＩＳをはじめとした中東諸国の混乱が落ち着いてくれば、ＯＰＥＣは減産に踏み切る可能性もありますが、中東の今後の政治情勢は不透明です。

【EU編】

❖ EU内の経済危機は今後も起こる可能性が高い

ＥＵの経済に目を転じると、ギリシャ危機はひとまずは脱しましたが、ユーロ圏、ドイツ、フランス、イタリア、イギリスの「ＧＤＰ」の成長率は総じて低いままです。まさに小康状態という言葉がぴったりの状況です。

ユーロ圏（通貨ユーロを使う国、現在は19カ国）では、各国の銀行の監督を統一する「銀行同盟」をつくり、さらには緊急融資などのセーフティネットを強化することで、危機の再発やショックの低減を図っています。

しかし、私は、ギリシャ危機のような経済危機が何年かに一度起きる可能性があると考えています。それは、**根本的な問題をユーロという統一通貨が抱えている**からです。

ドイツや北欧の国々は総じて生産性が高く、ギリシャなどの南欧諸国は生産性があまり高

	GDP（実質年率）				
	ユーロ圏	ドイツ	フランス	イタリア	英国
2012年	▲0.8%	0.4%	0.2%	▲2.8%	1.2%
2013年	▲0.3%	0.3%	0.7%	▲1.7%	2.2%
2014年	0.9%	1.6%	0.2%	▲0.4%	2.9%
2014年 10—12月期	1.6%	2.5%	0.4%	0.2%	3.0%
2015年 1—3月期	2.1%	1.4%	2.7%	1.5%	1.5%
2015年 4—6月期	1.4%	1.8%	▲0.0%	1.3%	2.6%

出所：日本経済新聞10月19日

くありません。以前はその生産性の違いを為替レートが調整していました。

たとえば、以前はドイツは「マルク」、イタリアは「リラ」という通貨でした。イタリア人がＢＭＷを買うと、為替的にはリラが売られ、マルクが買われることになりますから、マルク高になります。あまりにマルク高が進むと、リラで払う金額が増えますから、ＢＭＷをあきらめて「フィアットでいいや」ということになります。

一方、ドイツ人から見ると、リラが安くなるとイタリアの物価が安く見えますから「夏休みはイタリアに旅行に行こう」ということになります。すると、マルクが売られてリラが買われます。

このように、為替レートには貿易収支やサービス収支を調整する役割があり、これを**「為替の自動安**

定化装置」と呼んでいました。英語では「Built-in Stabilizer」と言います。

ところが、通貨がユーロに統一されたために、この為替の自動安定化装置が働かなくなりました。

また、南欧諸国は、自国通貨が弱かったときは金利が高かったのですが、通貨がユーロに統一されたことで金利が前よりも安くなりました。お金をより安く借りることができるようになったのですから、がんがん借りて、がんがん買うようになります。

以前ならあきらめていたＢＭＷを、借金をして買うわけですから、一向に貿易収支が改善しません。

本当かどうかは分かりませんが、**人口あたりのポルシェの数はギリシャが一番多い**とまで言われたほどです。

こうして国全体の借金が増え、借金の返済ができなくなると経済危機になります。だから今後も、南欧諸国のどこかの国で経済危機が起こる可能性はかなり高いのです。

◆◆◆◆◆ユーロ離脱は経済破綻への道

私が以前デンマークに行って驚いたのは、尊敬される職業の上位に公務員があったことです。

北欧の人たちは、公務員は悪いことをしないと考えていて、政府に対する信頼度が非常に高いことが統計でも分かっています。

南欧諸国はまったく逆で、政府を信頼していませんから脱税も多い。しかし、福祉の水準は北欧同様に求めるため財政支出が増え、財政が悪化する傾向があります。

こうした財政悪化を防ぐため、ＥＵ本部が承認しなければ、財政支出ができないようにすることも議論されていますが、各国の政府にとっては手足を縛られることになりますから、なかなか話が進みません。

銀行同盟についても説明しておくと、ＥＵには、ドイツのように銀行が巨大で産業を支配している国と、イタリアのように昔ながらの小さな銀行がたくさんある国があります。

こうしたさまざまな銀行の監督を統一した基準で行うのは難しいため、ＥＵができた当初は見送られていたのですが、たびたび金融危機が起きるため、ようやく銀行の監督や救済、破綻処理などを統一する銀行同盟ができたのです。

私は、岡本アソシエイツにいたとき、イタリアのミラノの顧問先さんのところによく出張に行きましたし、2000年代初頭にはルーマニアの大学の客員教授を3年間やっていました（集中講義で年に10日ずつくらい行っていました）。それ以外にも視察などでヨーロッパには何度となく行っていますが、「ヨーロッパ人」というのは存在しません。

日本ではヨーロッパ人と言ったり、ヨーロッパをひとくくりにして考える傾向がありますが、「自分はヨーロッパ人だ」と思っている人は少なく、イタリア人はイタリア人で、ルーマニア人はルーマニア人なのです。

ヨーロッパは、基本的には民族自決です。しかし、その民族自決が民族対立を生み、戦争を繰り返すことになった反省から、それを乗り越えるためにEUをつくり、通貨ユーロをつくったのです。

EUができた当初の首脳たちは、みな戦争体験がありましたから、少々のことは犠牲にしても何とか困難を乗り越え、EUの統一を強固なものにしようとしました。

しかし、現在のEUの首脳たちには戦争体験がありません。だから、「経済的なメリットがないならEUから抜ければいい」と考える人もいるのです。

では、本当にEUやユーロから簡単に抜けられるかと言うと、南欧諸国は特にそうですが、離脱することは難しいのが現実です。

理由は簡単で、住宅ローンや自動車ローンなど、ユーロ建てで借りているお金が、弱い自国通貨に戻った途端、返済が不可能になるからです。

ギリシャが経済危機になったとき、ユーロから離脱するかもしれないと言われましたが、実際にはできませんでした。それは離脱したら、経済危機が経済破綻になることが明白だったからです。国が破綻するだけでなく、国民もまた経済的に破綻してしまうのですから、そんな道は選びようがなかったのです。

高い失業率は社会保障が充実しているから

最初のギリシャ危機が起きたときのニューズウィークの記事を今でも覚えているのですが、それは「もしギリシャが米国のウィスコンシン州だったら」という記事でした。経済規模が同じくらいらしく、米国のウィスコンシン州が経済危機に陥ったら米国政府が助けますから破綻することはありません。

ではなぜ、ギリシャは救済されないのかと言えば、独立国家だからです。

したがって、ＥＵの権限を強め、加盟各国の独立性を弱めることが危機再発を防ぐ解決策だというのがその記事の結論でした。私もそうだと思います。ＥＵは統合強化の方向に進まない限り、経済危機の問題は解決しないのです。

	ユーロ圏の失業率
2012年	11.3%
2013年	12.0%
2014年	11.6%
2015年1月	11.3%
2月	11.2%
3月	11.2%
4月	11.1%
5月	11.1%
6月	11.1%
7月	11.0%
8月	11.0%

出所：日本経済新聞10月19日

ユーロ圏の「失業率」を見ても11％台の高い数字が並んでいます。これは、社会保障が充実していて、働かなくても生きていけるからだという見方もできます。

社会保障の企業負担も重く、イタリアやフランスで聞いた話では、およそ給料と同額になるそうです。日本の企業も医療保険や介護保険、年金などの社会保障費を負担していますが、およそ給料の15％程度です。

これだけ企業の負担が重いためか、イタリアでは雇っても社会保障費を払わない「闇の雇用契約」があるという話も聞きました。働いている人も失業ということにしておけば失業給付が受けられるので、統計上は失業だけれども、実は働いているという人もいるようです。

また、米国と違って、一度正社員として雇用すると解雇するのが非常に難しいため、1年契約の非正規社員が多く、雇用が不安定という問題もあります。


社会保障が充実していると聞くと、いいことばかりのように思いますが、行き過ぎた社会保障は国の財政や企業の経営を圧迫しますし、国民の勤労意欲を奪う結果になることもあるのです。

	ユーロ金利（年率、3カ月物）	ユーロ圏の消費者物価の前年比
2012年	0.49%	2.5%
2013年	0.15%	1.4%
2014年	0.18%	0.4%
2014年12月	0.05%	▲0.2%
2015年1月	0.03%	▲0.6%
2月	0.02%	▲0.3%
3月	0.01%	▲0.1%
4月	0.00%	0.0%
5月	▲0.01%	0.3%
6月	▲0.01%	0.2%
7月	▲0.01%	0.2%
8月	▲0.02%	0.1%
9月	▲0.03%	▲0.1%

出所：日本経済新聞10月19日

一方、**「ユーロ金利」**を見て驚くのは、マイナスになっていることでしょう。

金利がマイナスということは、お金を預けると減るということなのですが、お金を中央銀行に預けさせないようにし、資金を市中に回したいほど、景気の状況が良くないのがE

U経済の現況です。

また、欧州中央銀行は、非伝統的手法である量的金融緩和には否定的だったのですが、度重なる経済危機のため、2015年1月、ついに量的金融緩和に踏み切りました。2度目の量的緩和の憶測も流れています。

「消費者物価」も2014年12月から4カ月連続マイナスでした。これは原油安の影響ですが経済が鈍化していることもあります。量的金融緩和に踏み切ったのは、こうした物価下落によるデフレを警戒したからでもあります。

量的金融緩和で株価が高いのも日本や米国と同じで、先に説明したようにドイツの株価指数である**「ドイツDAX」**（89ページ参照）は上がっています。

イタリアの「GDP」は3年間マイナス続きでしたが、2015年になって、ようやくプラスに転じました。

イタリアが経済危機に陥った際、財政緊縮をむりやりやらされ、そのおかげで財政赤字は縮小し、経常収支も黒字になりましたが、税金を上げたこともあり景気は悪いままでした。

それがようやくここにきて長いトンネルを抜けたようです。まだまだ巡航スピードにはほど遠い状況ですが、何とかひと安心といったところではないでしょうか。

【中国編】

なぜ中国の株価は乱高下したのか？

次に、中国経済についても見ていきましょう。

中国株式市場の株価指数はいくつかありますが、最も代表的な指標は**「上海総合指数」**でしょう。2015年6月から大きく下げ、世界同時株安の発端となったわけですが、さかのぼって見てみると2014年7月くらいからの約1年間で、2000ポイントから5000ポイント台まで、2倍以上、上がっていることが分かります。

これは、中国の個人投資家が買ったからという原因と、買い付け額に上限はありますが、2014年秋から香港市場を通して外国人投資家や海外の機関投資家が上海市場の株式の売買ができるようになったという二つの原因があります。

中国の個人投資家は、これまで主に不動産に投資してきたのですが、不動産価格が上がらなくなったため、より株式に投資するようになったと言われています。

■「上海総合指数」の推移

しかし、これらは表向きの理由で、実際は、中国政府が人為的に支えている「官製相場」のため、下がる心配があまりないからと、株式へのそれほどの知識をもたない人も含め多くの投資家が株式を買い、買いが買いを呼んでこれだけ上がったのです。

日本も官製相場だと前章で述べましたが、中国も同様で、企業の実力以上に株価が上がったのです。

1年間で株価が2倍以上に上がるというのは、世界的に見れば異常なことです。バブルと言ってもいい状態ですから、バブルがはじけて調整されたと見れば、上海総合指数の暴落もそれほど奇異なことではなくなります。急激に上がったものが、急激に下がっただけという見方もできるのです。

中国の「実質ＧＤＰ成長率」を見ると、２０１５年は１－３月期、４－６月期とも、７・０％でした。７－９月期は６・９％です。２０００年代には10％成長を続けてきた中国経済にもかげりが見え始めたと言えるでしょう。

中国の経済指標は、中国政府が発表するため、その真偽のほどが疑われているのも事実で、実は、すでに7％も経済成長していないのではないか、という意見は根強くあります。電力消費量、鉄道輸送量、貿易額、銀行融資額などから、５％程度という意見もあります。

	中国の実質GDP成長率
2012年	7.7%
2013年	7.7%
2014年	7.3%
2014年10ー12月期	7.2%
2015年１ー３月期	7.0%
2015年４ー６月期	7.0%
2015年７ー９月期	6.9%

出所：日本経済新聞10月26日

さらに、潜在成長率は５％程度なのではないか、とも言われています。一人っ子政策で生産年齢人口も頭打ちで、安い人件費も維持できなくなりつつあります。

投資家もそのあたりは心得たもので、中国政府が掲げる7％成長は難しいのではないか、中国経済は思った以上に悪いのではないかという憶測が広がった２０１５年6月頃から株を売り始めます。

ここで中国政府は、取引量の多い証券会社に「直接の自己売買で売り注文を入れるな」といった露骨な市場介入を行って、株価を下支えしました。これを見て、「まだまだ官製相場は続く」と考える投資家がいた一方、「いや、官製相場は限界だ。もう終わる」と考える投資家もいました。このため、中国の株価は価格を下げながら乱高下したのです。

株価をとるか、人民元の国際通貨入りをとるか

では、なぜ「官製相場が終わる」と考えた投資家がいたかと言えば、それには次のような理由があったからです。

ＩＭＦの「特別引出権」のことを「ＳＤＲ（Special Drawing Rights）」と言いますが、これはＩＭＦ加盟国が、たとえば、経済危機になったときに特別に資金を引き出すことができる権利です。

ＳＤＲというのは架空の合成通貨で、米ドル、ユーロ、イギリスポンド、日本円の四つの世界的な通貨がその準備通貨として構成され、その構成比も、交換レートも決まっていま

す。

ＩＭＦ加盟国は、いざというときにはＳＤＲを引き出して、ドルやユーロに替えて使います。

中国は、人民元を国際通貨として認めてもらいたいため、このＳＤＲの準備通貨に人民元を入れたいのです。ＩＭＦとしても、世界第2位の経済大国の通貨を準備通貨にしたいという思惑もあります。そして、このＳＤＲの準備通貨の見直しは5年に1度行われ、それが2015年9月でした。

しかし、ＩＭＦはこの決定を2016年1月まで延期します。わざわざ延期したということは、人民元をＳＤＲに入れたい意向はあるのです。ただ、政府によって為替や株価が操作される通貨がＳＤＲに望ましいのかという議論が一方にあり、当然、望ましくないため、2016年1月まで露骨な市場介入を行わずにおとなしくしていればＳＤＲに入れてあげますよ、ということなのです。

中国政府としては、人民元がＳＤＲの準備通貨となることで、一流国際通貨として認められたいことは間違いありません。今回の機会を逃すと、次は5年後ですから、露骨な市場介

■「人民元の対米ドルレート」の推移

注：グラフの縦軸は「1ドル＝何元」かを示した数値

入は少なくとも当面は避けると思われます。2015年10月末には、預金金利の自由化も発表しました。そのため、SDRの準備通貨決定までは相場が不安定な状況が続くと私は考えています（10月下旬になって、1月と思われていた決定が11月中に行われるとの報道がありました。いずれにしても、決定後の中国政府の株式市場や為替市場への関与がどうなるかに注目したいところです）。

中国株暴落から世界同時株安へ

為替についても述べておくと、中国政府はこれまで、人民元を高値に誘導してきました。その理由は簡単で、自国経済の規模を大きく見せたいからです。さらには、将来的に、できるだけ早く米

	中国の貿易収支
2012年	2,303.1
2013年	2,590.2
2014年	3,830.6
2015年1月	600.8
2月	606.0
3月	31.4
4月	338.7
5月	582.5
6月	453.8
7月	422.0
8月	602.4
9月	603.4

出所：日本経済新聞10月26日
注：単位は億ドル

国を抜いてＧＤＰ世界第１位になりたいからです。元高のほうがドル換算で数字が大きくなります。

本章の冒頭で紹介したように、米国の名目ＧＤＰが約18兆ドル、中国が約11兆ドルだとすると、毎年７%成長を続ければ、10年後には２倍になりますから、米国経済ももちろん成長しますが、抜く可能性は十分あるのです。

また、中国の名目ＧＤＰが約11兆ドルというＩＭＦの試算も、当然ながら為替レートによって変化します。世界経済の中で大きな存在感を示したい中国政府にとっては、この点でも元高に誘導するほうがいいのです。さらには、対中国への膨大な貿易赤字にいらだつ米国への配慮もあります。

中国の「貿易収支」を見ると、貿易黒字が高い水準にあることが分かります。２０１２年の２３０３億ドルから、２０１３年には２５９０億ドルに増え、２０１４年には３８３０億ドルにまで増えています。

１ドル１００円換算で、約38兆円もの貿易黒字です。日本経済が絶好調のときでも十数兆円でしたから、これがどれだけ膨大な金額であるかが分かるでしょう。

元高に誘導すると輸出は減りますが、これだけ貿易収支が好調であれば、それを心配する必要もありませんでした。

では、人民元を高値に誘導するために、実際に何をやっていたのかと言うと、為替市場に毎日介入して、元を買っていたのです。

日本も昔、１ドル３６０円の固定相場制だったときは、日銀が毎日為替市場に介入して、円を買ったり、売ったりすることで為替レートを維持していました。「１ドルは３６０円です」と宣言すればそうなるわけではなく、そうなるように為替市場に介入して円を売り買いしていたのです。同じことを中国は現在もやっているというわけです。

しかし、株価の暴落を受けて、中国政府は２０１５年8月、３日連続で４・６％ほど、元をドルに対して切り下げました。これまでとは逆に、元安に誘導したのです。元安に誘導すれば輸出産業の業績が上向き、株価が上がると考えたのかもしれませんが、ＳＤＲの準備通貨になりたいとの思惑もあり、市場実勢に近づけたというところが本音でしょう。

ＳＤＲに人民元を入れたいので、株式市場への露骨な介入は避け、為替も実勢に近づけたということですが、元安に誘導することで株価を支えようとしたのかもしれません。

中国政府の真意は私には分かりませんが、これが、「中国経済が思った以上に悪いから元を切り下げたのではないか」という憶測を呼び、株価が下落。これを発端に、世界同時株安となったのです。

◆◆◆◆◆ 憶測を打ち消せない中国の経済指標

中国経済が思った以上に悪いのかどうか、世界中が注目しているのが、先にも少し触れましたが、**「製造業購買担当者景気指数」**で、**「ＰＭＩ」**と呼ばれるものです。これは、米国の「ＩＳＭ景気指数」と同じく製造業の購買担当者へのアンケート結果を指数化するもので、50を上回れば景気拡大、下回れば景気後退を示唆します。

米国の「ＩＳＭ景気指数」と違い、中国では、国家統計局による指標とメディア企業Caixin（財新）による指標の2種類が存在します。いずれも毎月発表されますが、前者の調査対象は大手国営企業が多いのに対し、後者は中小企業が多いのが特徴です。

財新発表の指数は２０１５年の春から50を割り続け、８月には政府系ＰＭＩの数値が６カ月ぶりに50を切りました。そして、その後も50を切る状態が続いています。中国経済は減速

	中国の製造業購買担当者景気指数(PMI)	
	国家統計局発表	財新発表
2014年9月	51.1	50.2
10月	50.8	50.4
11月	50.3	50.0
12月	50.1	49.6
2015年1月	49.8	49.7
2月	49.9	50.7
3月	50.1	49.6
4月	50.1	48.9
5月	50.2	49.2
6月	50.2	49.4
7月	50.0	47.8
8月	49.7	47.3
9月	49.8	47.2

出所：中国国家統計局、財新

	中国の消費者物価の前年比
2012年	2.6%
2013年	2.6%
2014年	2.0%
2015年1月	0.8%
2月	1.4%
3月	1.4%
4月	1.5%
5月	1.2%
6月	1.4%
7月	1.6%
8月	2.0%
9月	1.6%

出所：日本経済新聞10月26日

していると言えるでしょう。

中国の「消費者物価」を見ると、2015年8月は前年比2・0％です。経済が好調だったときは6％台でしたからずいぶん低い水準です。

ただ、原油安の影響で世界的にデフレ傾向であり、日本、米国、EUとも消費者物価は、ほぼゼロ％であることを考えると、それほど悪い数字とも言えません。

インフレはとりわけ低所得者層の生活を圧迫し、暴動を引き起こすことにもつながりますから、中国政府にとっては大敵です。以前にも、豚肉の値段が急激に上がって暴動が起きたのを記憶している人もいるのではないでしょうか。

中国政府は、ドルに対して元を切り下げましたが、元があまりに安くなると輸入インフレが起こる可能性があるので、この点には常に神経をとがらせています。現状のインフレ率は中国政府にとっては心地良い水準だと言えるでしょう。

他の中国の経済指標を見ると、沿岸部の省によっては成長率が鈍化しているところがあります。そもそも経済指標への信頼度が低いため、悪い憶測を呼びやすく、その悪い憶測を経済指標によって打ち消すことができません。

中国は今や、世界第2位の経済大国です。それが減速したとなると、日本をはじめ、周辺国への影響は小さくありません。また、以前は、資源や食糧の「爆食」をしていましたから、中国経済の減速は資源国へも大きな影響を与えています。

具体的には、中国は原油や鉄鉱石、食糧を大量に輸入していますから、ブラジルやオーストラリアといった資源国はもちろん、タイ、マレーシア、インドネシア、フィリピンといった東南アジア諸国も（外交関係では中国ともめていますが、経済は依存していますので）、中国の経済減速の影響をもろに受けます。

こうしたことから、一気に新興国通貨が売られ、それがまた株価に影響し、世界中で株が売られたのです。

中国政府が財政出動に二の足を踏む二つの理由

中国経済が本当に減速したのであれば、中国政府が今後、金融政策だけでなく、大型の景気対策を打ってくることが予想されます。

リーマン・ショック後には、4兆元、当時の為替レートで56兆円もの財政出動を行ったのは前述したとおりです。

これによって世界経済が悪化する中、中国だけは10％程度の経済成長を続けることができました。ただ、その巨額の財政出動でつくった製鉄所などが、過剰インフラとして現在は負の遺産になっています。

中国政府はお金は潤沢に持っているのですが、どこにそのお金を投資するかというのは難しい問題なのです。

もう一つ問題なのが、巨額の財政出動を行うと、それが腐敗の温床とみなされる可能性が高いということです。周近平国家主席は、現在も腐敗撲滅を強行に推し進めていますから、各地方政府も腐敗の温床とみなされるような巨額投資はやりにくいと思われます。

中国は確かに、財政赤字も少なく、外貨準備も3・5兆ドル程度保有（後述）していますから巨額の財政出動を行うことは可能ですし、私は2015年後半から2016年にかけてある程度はやると思っていますが、その使いどころを間違えると、供給過剰がさらに悪化し、自分の首を絞める結果になるかもしれません。

一方、中国は、中央集権国家のように思われていますが、実は地域の「省」の権限が強い国でもあります。省ごとに独立性があり、開発投資なども省ごとに行われているものが多いですが、この省政府は多額の借金を抱えています。

そして、省政府が腐敗の温床になっているケースも多々あり、さらには**「シャドーバンキング」**の資金を省政府が借りている場合もあります。

シャドーバンキングについては全容がよく分かっていませんが、資金力のある国営企業などが、借りたお金をまた貸しするなどしたもので、それが突然破綻して中国経済がおかしくなるという説もあります。

また、省政府が発行している債券の返済が、２０１５年末から２０１６年にかけて大量にやってくると言われています。省政府によっては、その返済が滞り、破綻するところも出るかもしれないと懸念され、最終的には中国政府に助けを求めるところも出るかもしれません。

中国の地方で不満が爆発?

「蟻族」という言葉を聞いたことはないでしょうか。

中国では、日本と違い大学を卒業するのは大変で、大卒はエリートの証明です。そのエリートでさえ就職先がなく、北京や上海の地下の部屋を多人数でシェアして住んでいることから蟻族と呼ばれています。こうした人たちが中国には少なからずいるのです。

また、中国は貧富の差が非常に大きい国です。そして、儒教や仏教が否定された時代に育った人が多いため倫理観に乏しく、その経済格差を隠そうともしません。貧しい人たちにしてみれば、豊かさを見せつけられ、かつ抑圧されれば、不満が高まるのは当然です。

中国人の9割は漢民族ですが、56の民族からなる多民族国家でもあります。漢民族と少数民族との経済格差もあります。農村地域と都市部との経済格差、なかでも都市戸籍をもたない人たちは今も貧しいままです。

チベット自治区、ウイグル自治区などでは、民族的な対立、宗教的な対立もあり、弾圧も行われています。

経済が高成長することで、こうした不満が爆発することをかろうじて抑えてきましたが、GDPが7％を切ると失業者が増え始めますから、不満が一気に高まり爆発することも考えられます。

中国政府の最大の政策目的は、「共産党一党独裁体制の維持」です。経済が悪化すると、大掛かりな経済対策を打つ可能性が高いと考えられる理由はここにあります。

余談ですが、ここまで、中国経済に関していくつかのトピックスを、経済指標を使いながら説明してきました。こうした情報は、私だけが知っているわけではなく、世界中の人が知り得る情報です。私に特別なニュースソースがあるわけではなく、すべては新聞を読んでいれば知り得る情報なのです。

人は、関心がないものは見ません。**セブン‐イレブンのロゴの最後のエヌだけが小文字の「n」であることに多くの人が気づかないのは関心をもって見ていないから**です。関心がないものは見えない。だから、関心の幅を広げることが重要なのです。

「関心のフック」と私は呼んでいますが、関心の幅が広がれば、このフックが増え、いろいろな情報がフックに引っかかるようになります。

私の場合は、こうした本を書いたり、講演で話すことも多く、間違ったことを書いたり話したりできない責任もありますから、新聞を読むと次々に情報が関心のフックに引っかかってきます。

関心がないとフックがありませんから情報が素通りしてしまいます。関心のフックを意識的に増やす心がけも大切なのです。

◆◆◆◆◆ 中国人観光客の「爆買い」は今後も続くか？

中国経済の影響力は大きく、特に経済規模が小さいアジアの新興国経済は、中国に大きく依存し、その裏返しとして振り回されていると言っても過言ではありません。

中国が主導するアジアインフラ投資銀行（ＡＩＩＢ）も設立され、アジア各国に投資される中国マネーはますます増えますし、大消費地である中国への輸出もアジア各国の経済にとっては頼みの綱です。

20年ぐらい前までは、アジア経済の大部分のＧＤＰは日本が稼いでいました。しかし今は、残念ながらここまで見てきたように、中国の占めるシェアのほうが格段に大きくなっています。

中国経済の減退は、日本経済にも大きな影響を及ぼします。中国で大きなビジネスをしている自動車メーカーや流通は言うに及ばず、特に最近は、中国人観光客の「爆買い」を当てにしている業界も多くなってきました。

出張が多い私の肌感覚では、この夏以降、新幹線や飛行場、ホテルなどから中国人観光客が少し減った印象があります。中国人は大きな声で話す人が多いので、いればすぐに分かりますが、最近少し静かになった印象です。ただ、東京や大阪の街中で大きなスーツケースを持って歩いている人はいまだに多く見かけます。

先にも述べましたが、こうした肌感覚を大事にしつつ、それだけで物を言ったり、物事を決めてはいけません。これは経営でも同じで、感覚やアイデアだけではダメで、必ずそれを裏付ける数字も見る必要があります。

企業経営では、それほどすぐに数字が出ませんが、マクロ経済では経済指標が次々に発表されますので、仮説をより検証しやすいと言えます。

中国人の爆買いで言えば、注目しているのは**「宿泊者旅行統計」**（観光庁発表）です。2015年7月までは、前年同月比で100％以上増えていましたが、この数字が鈍化するのかしないのかで、中国人の観光客数の増減が分かります。

都心を中心とした一部の百貨店や家電量販店、ドラッグストアなどは、店内改装を行ったり、品揃えを中国人向けにしたりしていますから、中国人観光客が減るのは相当の痛手のはずです。

もう一つ、**「街角景気（景気ウォッチャー調査）」**（内閣府発表）は、全国の小売店の販売員やタクシー運転手、ホテルの従業員などに聞き取り調査した結果を指標化したもので、かなり信頼度の高い指標です。

この数値は50が基準で、それより上なら景気が良い、下なら景気が悪いと現場は感じていることになります。2015年8月は、49・3でやや景気後退ということですが、それを報道するニュースの中で「外国人のプレゼンスが小さくなっている」というコメントが紹介されていました。

これは数字ではありませんが、現場の人たちの感覚も、私の肌感覚と同じだということです。**「全国百貨店売上高」**（196ページ参照）の動きにも注意が必要です。

■「中国の外貨準備高」の推移

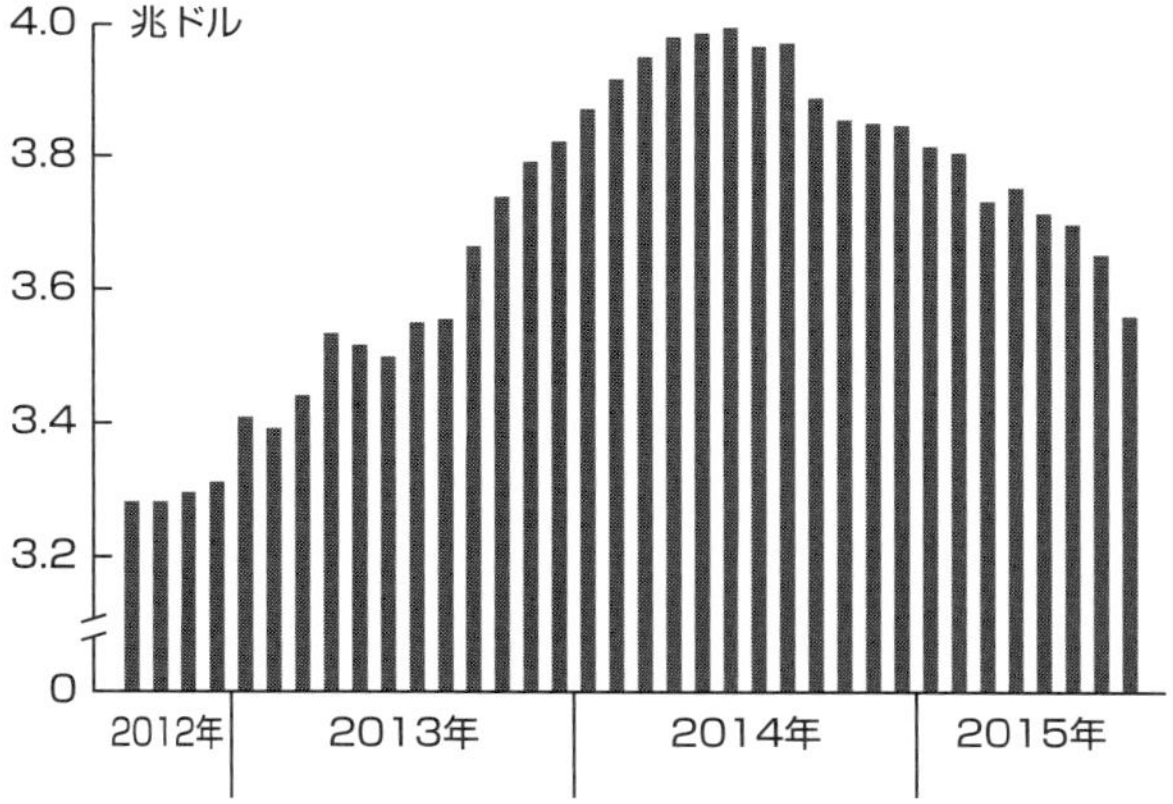

中国の「外貨準備高」の減少は何を意味するのか？

米国経済と中国経済の関係を見る経済指標として、**中国の「外貨準備高」**を見てみましょう。

外貨準備高というのは、政府や中央銀行が持っている外貨のことで、ドルだけでなく、ユーロなどの通貨も含んだ数字ですが、中国や日本の場合、その大半はドルです。

中国の外貨準備高は、２０１５年8月末では、前月末比９３９億ドル減って、３兆５５７３億ドルです。２０１４年6月末には4兆ドル近くありましたから、ここ1年で1割以上減少していることが分かります。それでも中国は、世界最大の外貨準備保有国です。
日本の外貨準備高は1兆2500億ドル前後で、近年ほとんど変わっていません。

外貨準備高が増えるのは、為替介入をしたときで、中国で言えば、人民元を売ってドルを買ったときに増えます。中国政府の為替政策の基本は「ゆるやかな人民元高」でした。膨大な貿易黒字がもたらす外貨売りによる急激な人民元高は、中国の輸出産業のためになりませんから、2014年までは人民元が急激に高くなりすぎないようにドルを買っていたということです。

ドルをそのまま保有していても金利がつかないので、かなりの部分はドルであれば米国債、ユーロであればユーロ建て債を買って運用しています。

ではなぜ、中国はここ1年、外貨準備高を減らしているのでしょうか。

中国政府の方針は、通貨の安定が第一で、少しずつ人民元高になるよう誘導していました。2014年6月までは、人民元が高くなりすぎるのを抑えるために外貨を買っていましたが、その後は、先に説明した理由で人民元高を維持するために外貨を売っていたと考えるのが自然でしょう。

つまり、中国の中央銀行である中国人民銀行が為替介入をして外貨を売って人民元を買わなければ、為替市場は人民元安になる状況に変わったということです。この点でも中国経済の潮目が変わったのではないかと考えることができます。

これまで中国の輸出産業は好調でした。対米輸出で得た大量のドルを中国企業は国内では使えないので、人民元に交換しようとします。中国企業がドルを売って人民元を買うのを政府が放置すると、為替市場で人民元が急激に切り上がってしまうので、中国人民銀行が介入をして、人民元を売ってドルを買っていたのです。この結果、外貨準備高が積み上がりました。

しかし2014年頃から、今度は逆に、中国人民銀行がドル売り・元買いの介入を行って通貨の安定を実現しようとしていたのでしょう。

これは、ドル・元の為替レートの推移を見てもよく分かります（139ページ参照）。

対立しながらも、より深まる米中関係

米国にしてみれば、現在は日本が1位に返り咲きましたが、一時は中国が米国債の最大の

買い手であり、保有国でした。その点では、非常に有難い存在でした。

しかし、その中国がドルを売ると、それは実質米国債を売るということですから、その量があまりに多くなると価格の急落につながる可能性もあります。米国債の価格が少しずつでも下がり始めれば、金利も上昇しますから、急激な金利上昇は避けたいFRBも中国の為替介入には敏感にならざるを得ません。

また、米国にとって中国は最大の貿易赤字国で、「ゆるやかな人民元高」は容認できましたが、2015年8月の人民元切り下げのように、逆に人民元安に誘導されると、さらに中国の輸出が増え、米国の貿易赤字が膨らむ可能性があります。米国の共和党などは、これを「失業の輸出」と言って中国を非難する材料に使います。

中国政府にとっても、米国債の市場価格やドルの為替レートが暴落してしまうと、3兆5000億ドルを超える巨額の外貨準備高が目減りしてしまいますから、これは避けたいところでしょう。

しかし、為替の安定のためにはドル売りも避けられず、逆に、人民元安に誘導すれば中国の輸出企業保護だと、米国をはじめ世界各国から非難されます。このように、お互いに対立しながらも、関係は複雑かつどんどん深まっているというのが米中関係なのです。

中国は貿易収支や為替を国家がコントロールしています。市場に任せるのが基本である米国とはこの点でも対立します。世界第2位の経済大国となった以上、いずれは、完全な変動相場制に移行しなければならないでしょうが、中国経済の「過渡期」はしばらく続きそうです。

ここまで、米国、EU、中国と世界経済の概況を見てきましたが、少し興味を持って、経済記事や指標を見続けているといろいろなことが分かってきて、より興味を持てるようになります。皆さんも勉強を続けてくださいね。次の第3章では、基本的な経済指標について、一部は復習も兼ねて説明をしていきます。

第3章

厳選！　これだけは知っておきたい重要指標42

——その指標で何が分かる？　そこから経済をどう読む？

第3章では、これまでに見てきた経済指標を含めて、これだけは押さえておきたいという経済指標を一つひとつ丁寧に解説していきます。もうすでによく知っている指標については読み飛ばしてもらってかまいません。

プロローグで述べたように、経済指標を見る際は、「定義」「基準」「定点観測」「関連づけ」「仮説」の五つが大事になります。

本章でも、定義と基準はもちろん、関連づけを重視して、「経済全体」「企業関係」「雇用と物価」「金融・市場・国際収支」の大きく四つに分けて見ていきます。

ほとんどの経済指標は、日本経済新聞の月曜日朝刊に掲載される「景気指標」面の指標です。定点観測をするにはこれを見るのが便利なので、情報として付け加えておきます。

【①日本経済全体を知る経済指標】

GDPが減ると、私たちの給料も減る

財務諸表を見ればその企業の実力が分かるように、経済指標を見ればその国の経済の実力が分かります。では、数ある経済指標の中で、一番大事な経済指標は何かと言えば、やはり「GDP」でしょう。

GDPとは、Gross Domestic Productの頭文字で、日本語では「国内総生産」です。GDPは、ある地域で、ある一定期間（たとえば1年間）に生み出された付加価値の総額のこと。ですから、日本のGDPというのは、日本国内で新たに生み出された付加価値の総額です。

似た指標に「GNP」があります。こちらは、Gross National Productの頭文字で、「国民総生産」です。日本のGNPとは、日本国民が新たに生み出した付加価値の総額のことです。

何が違うかと言うと、**GDPが「場所」を対象にしているのに対して、GNPは「人」を対象にしています。**日本という場所で生み出された価値を対象にするのがGDPで、日本人が生み出した価値を対象にするのがGNPです。

外国人が生み出した価値であっても、それが日本で生み出されたのであれば、GDPには含まれますが、GNPには含まれません。

一方、日本人が海外で生み出した価値をGNPは含みますが、GDPには含みません。

以前は、国の経済規模を表わすのにGNPを使っていましたが、現在では場所を対象にしたGDPが使われています。

GDPを、日本にある全企業の売上金額を合計したものだと思っている人がいますが、それは残念ながら間違いです。付加価値というのは、ビジネスで言えば、「売上金額から仕入額を引いた金額」で、その企業が新たに生み出した価値の部分だけです。

もし、GDPが全企業の売上金額を合計したものだったとしたらどうなるでしょうか。

A社がつくった部品をB社が購入し、それを使って商品をつくり販売したとしましょう。

A社の売上金額には、原材料などの仕入額も、A社が生み出した付加価値も含まれています。さらにB社の売上金額には、A社からの部品の仕入額も、A社が生み出した付加価値も、B社が生み出した付加価値も含まれています。

A社の売上金額とB社の売上金額を合計したら、A社の原材料などの仕入額とA社が生み出した付加価値が、二重に計算されることになります。

このように同じものが二重、三重に計上された数字では経済の実力を測ることはできないため、売上金額から仕入額を差し引く必要があるのです。一方、各社が作り出した付加価値をトータルすると、最終製品の値段になりますから、新たに作り出された最終製品やサービスの売上高の合計はGDPとなります。

GDPを生産面から見れば、企業などの売上金額から仕入額を引いた付加価値の合計金額ですが、その作り出した付加価値を分配面から見ると7割近くは人件費として支払われています。つまり、GDPの大半は私たちの給料として払い出されているのです。

ですから、GDPが減るということは、私たちの給料の原泉が減ることを意味し、GDPが増えるということは、私たちの給料の原泉が増えることを意味します。

だからGDPは、国全体で作り出す付加価値の合計であるとともに、国民生活の豊かさの原泉でもあるため、数ある経済指標の中でも一番重要なのです。

◆◆◆◆◆◆「名目ＧＤＰ」と「実質ＧＤＰ」の違い

ＧＤＰは国内総生産ですから、製品やサービスを生産する側、販売する側から見た数字ですが、裏を返せば、作ったものを買う側がいるということです。

国内で新たに生み出された付加価値――ＧＤＰを買っているのは誰でしょうか。すぐに思いつくのは、私たちでしょう。私たちが買うことを**「民需」**と言い、民需は主に家計の支出である「消費」と主に企業による「投資」に分けられます。

最初が「民」とくれば、次は「政」です。政府もＧＤＰの買い手であり、これを**「政府支出」**と言います。

そして、もう一つの買い手が海外で、「輸出」です。ただ、日本は「輸入」で海外の製品も買っていますので、その分を差し引く必要があります。輸出から輸入を引いたものを**「純輸出」**といい、その額は**「貿易収支」**です。

まとめると、**ＧＤＰ＝民需（消費＋投資）＋政府支出＋純輸出（輸出－輸入）**ということにな

	GDP（国内総生産）			
	名目		実質（2005暦年連鎖価格）	
2012年度	474.6兆円	0.1%	519.8兆円	1.0%
2013年度	483.1	1.8%	530.6	2.1%
2014年度	※490.8	1.6%	※525.9	▲0.9%
2014年7－9月期	※485.4	▲2.4%	※523.0	▲1.1%
2014年10－12月期	※489.2	3.2%	※524.7	1.3%
2015年1－3月期	※499.7	8.9%	※530.5	4.5%
2015年4－6月期	※499.9	0.2%	※529.0	▲1.2%

出所：内閣府
注：単位は兆円、%は成長率（年率）、※は速報値

ります。

この式で輸入をＧＤＰの側に移すと、ＧＤＰ＋輸入＝民需（消費＋投資）＋政府支出＋輸出となり、供給＝需要となります。

ＧＤＰの定義について理解したところで、実際の数値を具体的に見てみましょう。

ＧＤＰを調査して発表しているのは内閣府で、「名目ＧＤＰ」と「実質ＧＤＰ」の二つの数値があります。単位は「兆円」で、右横の数字は成長率、単位は％です。

「名目」とは実際の金額という意味で、「実質」はその実際の金額をある時点の貨幣価値に直すといくらになるかを表わした数値です。

「２００５暦年連鎖価格」というのは、２００５年の貨幣価値に直した価格ということです。

２０１２年度の名目ＧＤＰを見ると、４７４・６兆円です。一方、実質ＧＤＰは５１９・８兆円で、45・２兆円、約９・５％実質のほうが高くなっています。これは、２００５年に比べて２０１２年度は９・５％分、デフレであったということです。

逆に、実質ＧＤＰより名目ＧＤＰの金額のほうが多いときは、その分だけ基準年よりもインフレになったことを表わします。

さて、ＧＤＰの数値を見てまず疑問に思うのは、２０１４年度の成長率の数字でしょう。名目ＧＤＰの成長率がプラス１・６％なのに対して、実質ＧＤＰの成長率はマイナス０・９％です。プラスとマイナスが逆になっています。なぜなのでしょうか。

これは、実際の金額では前年度比１・６％ＧＤＰが増えたのですが、２００５年の貨幣価値に直すと前年比０・９％減ったということです。つまり、**日本の経済は２０１４年度は実質的にはマイナス成長だった**のです。

見かけ上の金額は増えたけれども、実質的には経済は成長していない。こうしたことが起こるからこそ、名目と実質の二つの数値があるのです。

実質ＧＤＰの金額自体は、基準年が変わると変わりますので、あまり意味はありません。

重要なのは、同じ基準に直したときに増えたのか、減ったのかを表わす実質GDPの成長率のほうです。過去との比較や外国との比較のときも実質GDPの成長率を見ます。

経済指標の多くは、「速報値」「改定（改訂）値」「確定（確報）値」の三つがあり、この順番に数値の精度が上がります。速報値から改定値、確定値になったときに、大きく数字が変わることもたまにあります。そんなときは、「なぜ数値が良化（悪化）したのか」に注意を払う必要があります。

また、中国は四半期ごとのGDP成長率は1回発表したら改定されることはないのですが、「年」のGDPは何度となく改定値が発表され、2年間ぐらいは確定しません。

GDPの年度の成長率は前年比ですが、四半期の成長率は前四半期比年率換算した数値です。前四半期比年率換算とは、たとえば、4－6月期の成長率であれば、1－3月期と比べて何％増えたか、減ったかを、さらに年率に置き換えたものです。経済指標を見るときには、こうした「いつに対して」という点にも注意が必要です。

さらに言っておくと、日本は4月から翌年3月までの「年度」が基本ですが、海外では1

月から12月の「年」が基本です。

◆◆◆◆◆◆「家計消費支出」の増減がGDPに大きく影響

GDPは、民需と政府支出、貿易収支の三つの合計です。それぞれを経済指標で見ていきましょう。

まずは、民需ですが、民需には消費と投資があります。この消費を端的に表わす指標が**「家計消費支出（2人以上世帯）」**です。

総務省が、全国8000世帯を対象に、毎月、モノやサービスの購入金額を調査し、1世帯あたりの支出金額を計算して発表している経済指標です。消費ですから、税金や年金、健康保険などの社会保障費の支払いは含みません。

2012年度、2013年度は若干のプラスですが、2014年度はマイナス5・1%と大幅に減ったことが分かります。これがなぜか、分かりますか。

そうです。消費税が2014年度から8%に上がったため、前年度に比べて消費を手控えたからです。

直近1年間の毎月の数値を見ても、2015年5月と8月を除いてマイナスが続いています。2015年3月がマイナス10・6％と大きく落ち込んだのは、前年に消費税アップ前の駆け込み需要があったからです。

逆に2015年5月だけが4・8％とプラスになったのも消費税アップの影響です。その1年前の2014年5月の消費支出は、その前月に行われた消費税増税の影響で、東日本大震災が起きた2011年3月以来の大きな落ち込みとなりました。この数字は前年同月比ですので、その反動で2015年5月は大幅な増加に転じたのです。8月にプラスに転じたのが今後も続くかどうかに注目です。

	家計消費支出（2人以上世帯）の前年比
2012年度	1.6%
2013年度	0.9%
2014年度	▲5.1%
2015年1月	▲5.1%
2月	▲2.9%
3月	▲10.6%
4月	▲1.3%
5月	4.8%
6月	▲2.0%
7月	▲0.2%
8月	2.9%

出所：総務省

このように、経済指標が大きく変化するときには、その理由と考えられる何らかの出来事が、必ずと言っていいほど起きています。ですから、過去の数値をさかのぼって見ていて、大きな数字の変化に気づいたときは、そのときに何か大きな出来事がなかったかと思い返してみることが大切です。

日本のGDPの半分以上、55%強はこの消費が占めていますので、消費が大きく減れば、GDPも減ることになります。実質GDPの成長率が2014年度マイナスだったのは、この消費の落ち込みが大きく影響したからなのです。

日本の名目GDPが何兆円だったか覚えていますか。約500兆円です。その半分が250兆円、6割で300兆円ですから、家計消費はその間ぐらいと覚えておくとよいでしょう。

前にも述べましたが、経済指標は他の経済指標に影響を与えたり、影響を受けたりします。ですから、関連を考えながら見ていくことも大事になります。

◆◆◆◆◆◆「設備投資」と「機械受注」で将来の景気が分かる

次は、もう一つの民需である投資を表わす経済指標、**「法人企業統計」**を見てみましょう。

法人企業統計は、財務省が調査を行っていて、資本金1000万円以上の営利法人の仮決算を調査する「四半期別調査」と、資本金に関係なく営利法人の確定決算を調査する「年次別調査」があります。四半期別調査は、3月、6月、9月、12月に発表され、年次別調査は、９月に発表されます。

「売上高」や「営業利益」「経常利益」「設備投資」「在庫投資」「自己資本比率」などの調査結果が発表されますが、ここでは企業が機械や工場などの有形固定資産へ投資した**「設備投資」**を見てみましょう。

プラスが続けば、企業は景気は底堅いからさらに拡大すると判断し、投資を増やしている

	法人企業統計の設備投資の前年比
2012年度	3.3%
2013年度	6.7%
2014年度	7.7%
2014年7－9月期	5.6%
2014年10－12月期	3.9%
2015年1－3月期	8.1%
2015年4－6月期	6.6%

出所：財務省

	機械受注（船舶・電力を除く民需）の前年比
2012年度	▲3.0%
2013年度	11.5%
2014年度	0.8%
2015年1月	1.9%
2月	5.9%
3月	2.6%
4月	3.0%
5月	19.3%
6月	16.6%
7月	2.8%
8月	▲3.5%

出所：内閣府

ということです。マイナスが続くようだと、現状の景気が悪いか、将来を悲観的に見ているということになります。

このところはマイナスがなく、順調に増えていることが分かります。企業の設備投資が好調ということは、企業の業績が良く、今後さらなる業績拡大のために投資を行っているということですから、日本経済にとっては明るいニュースです。

企業の投資は、日本のGDPの約15%を占めていますので、家計支出ほどではないですが、それでもGDPに大きな影響を与えます。

企業の投資を表わすほかの指標としては、内閣府が調査・発表している**「機械受注（船舶・電力を除く民需）」**という経済指標もあります。これは、産業用の機械メーカー280社の受注額を集計したもので、前年（同月）比の数値となっています。

カッコ内の「船舶・電力を除く」というのは、造船会社や電力会社からの受注は規模が大きく振れが激しいので、数字から除外されているということです。

機械受注は、企業が設備投資のための機械を発注する段階の数値ですから、**設備投資よりもさらに早い段階をとらえているため、実際の設備投資や日本経済全体の先行指標として注**

目される経済指標です。企業は景気動向にとても敏感ですから、この数字も、プラスが多い状態なら景気は良く、マイナスが多くなると、景気の先行きはあまりよくないということです。

実際の数字を見ると、2012年度はマイナスでしたが、2013年度は11・5％、2014年度は0・8％のプラスでした。直近の毎月の数字もプラスが続いていますから、設備投資同様、企業の投資は順調に増えていると言えます。

ただ最新の8月は一転してマイナス3・5％と落ち込んでしまいました。このマイナスが一時的なものか、それとも翌月以降も続くものかを、注視していく必要があります。

まとめると、民需である家計の消費は減っていますが、企業の投資は増えています（今後は予断を許さない状況ですが）。アベノミクスにより円安・株高になりましたが、経済指標を見る限りは、その恩恵は今のところは企業どまりだということが分かりますね。

◆◆◆◆◆◆「貿易収支」から見える日本経済の転換点

ＧＤＰを構成する要素の二つめ、政府支出についても見てみましょう。政府支出の最たるものと言えば、公共工事です。それを表わす経済指標が**「公共工事請負金額」**です。

公共工事請負金額は、国や地方自治体などの公共機関が発注する公共工事の動向を表わす指標で、東日本建設業保証株式会社など、保証事業会社３社が調査して毎月発表しています。保証事業会社が前払い金の保証契約をした金額が対象になっているため、保証の対象とならない工事は含まれていませんが、政府の建設投資のおよそ75％をカバーしていると言われています。

	公共工事請負金額の前年比
2012年度	10.3%
2013年度	17.7%
2014年度	▲0.3%
2015年1月	▲13.7%
2月	2.3%
3月	▲12.4%
4月	4.4%
5月	▲14.0%
6月	▲1.8%
7月	▲10.1%
8月	▲1.3%
9月	▲10.9%

出所：東日本建設業保証株式会社など、保証事業会社３社

数字を見ると、２０１２年度は前年比10・３％、２０１３年度は17・７％と増えていますが、２０１４年度はマイナス０・３％と若

	貿易統計		
	輸出	輸入	輸出－輸入
2012年度	639,400	720,978	▲81,578
2013年度	708,565	846,129	▲137,564
2014年度	746,703	838,146	▲91,443
2015年1月	61,434	73,172	▲11,738
2月	59,414	63,699	▲4,285
3月	69,268	67,042	2,226
4月	65,502	66,095	▲593
5月	57,403	59,609	▲2,206
6月	65,057	65,801	▲744
7月	66,637	69,341	▲2,704
8月	58,818	64,512	▲5,694

出所：財務省
注：単位は億円、2015年８月の「輸入」の数値は速報値

干ですが減りました。２０１５年の月々の数字を見ても減る傾向が続いていることが分かります。

これは、２０１１年3月11日に起きた東日本大震災からの復興のため増えた公共工事が、一段落して少しずつ減り始めているということでしょう。一般的に公共工事は、景気が悪いときに増え、景気が良いときには減る傾向があります。さらには、財政事情も大きく影響するので、数字の背景を読み取ることも大切です。

次に、GDPを構成する三つめの要素、「純輸出」（貿易収支）を知るためには、財務省が通関時の価格をベースに算出している**「貿易統計」**という経済指標を見ます。速報値は翌月の

20日ごろに、確報値は翌々月の月末に発表されます。

輸出額と輸入額、その差額である貿易収支の数字を見ると、輸出額は2013年度、2014年度と増え、輸入額は2013年度は増えましたが、2014年度は減りました。貿易収支はこのところ毎年度マイナスです。日本は貿易赤字国なのです。

日本の産業は、原材料を輸入して製品を輸出する加工貿易によって成り立ってきたということは、おそらく小学校で習ったと思います。日本が世界第2位の経済大国になれたのは輸出のおかげでもありました。

戦後の高度経済成長期はもちろん、バブルがはじけた1990年代でも、日本の輸出額は輸入額を大きく上回り、米国などから「ジャパン・バッシング」を受けるほどの貿易黒字を稼いでいました。2000年代に入ってもその傾向は続いていました。貿易黒字額は、毎年10兆円を超えていました。

10兆円は、GDP500兆円の2％にすぎませんが、この数字を見くびってはいけません。日本の代表的な輸出産業である自動車や電機、機械などのメーカーは、傘下に何百社という一次部品メーカーを擁し、さらにその先には何千社、何万社という取引先があります。輸出産業の収益が悪化すれば、その影響はグループ企業はもとより、取引先にまでおよびます。部品関係だけでなく、原材料メーカーや機械の納入会社、建設会社などにも影響します。先ほど見た企業の設備投資や機械受注が減り、従業員の給料が減り、給料が減れば消費も減ります。

したがって、**貿易収支の輸出の数字は輸出産業の好不調を表わすだけでなく、日本経済全体の浮き沈みを示す重要な数字**なのです。

日本が貿易黒字国から貿易赤字国になったのは、２００８年度、リーマン・ショックの年です。この年度、日本は１９８０年度以来の貿易赤字に転落しました。その原因は、２００7年度に85兆１１３４億円あった輸出額が、71兆１４５６億円と、十数兆円も大幅に減ったことです。

そして、２００９年度の輸出額は59兆79億円と、さらに十数兆円減ることになります。この年は、輸入額も前年度から10数兆円減って53兆８２０９億円となったため、貿易黒字にはなりましたが、貿易額は激減しました（為替レートの影響で円ベースでの金額は、毎年結構大きく変わります）。

その後、２０１０年度は貿易黒字でしたが、東日本大震災の影響で２０１１年からＬＮＧ

の輸入が急増したこともあり、再度赤字になり、２０１４年度までの３年間は10兆円前後の貿易赤字が続いています。ただし、２０１５年の月々の数字を見ると、赤字続きですが、赤字幅は縮小してきています。

この貿易収支が黒字になれば、先ほどのＧＤＰの支出面からの数式からもお分かりのように、ＧＤＰを押し上げることとなるので、貿易収支額には注意が必要です。

まとめると、２０１４年度の実質ＧＤＰの成長率がマイナス０・９％になったのは、消費が落ち込んだ影響が一番大きく、公共工事も伸びず、貿易収支が９兆円を超える赤字のままで大きく改善しなかったことが原因です。

先行指標である企業の設備投資と機械受注がプラスで推移していることは、日本経済にとって好材料ではありますが、まだまだ薄日が射した程度で予断を許さない状況です。

それでは、企業活動の動向について詳しく知るために、経済指標をさらに見ていきましょう。

【②日本企業の活動状況を知る経済指標】

◆世界が注目する「日銀短観」と「景気動向指数」

日本銀行が3カ月に1度発表している「日銀短観（全国企業短期経済観測調査）」の中に「業況判断（DI）」という経済指標があります。

日銀短観は、海外のエコノミストも「Ｔａｎｋａｎ」と呼んで注目するほど、日本の景気動向を知るうえで重要な調査です。

この調査では、さまざまな業種の大企業から中小企業までを対象に、「3カ月前に比べて業績が良くなったか？」「3カ月後の業績をどう思うか？」「資金繰りはどうか？」「人や設備が余っているか？」など、いろいろな切り口から質問を行っています。

業況判断ＤＩは、業況感が「良い」と答えた企業の割合から、「悪い」と答えた企業の割合を引いた数値です。たとえば、良いが60％で、悪いが40％だとすると60－40＝プラス20となります。

	日銀短観業況判断（DI） 「良い％」－「悪い％」	
	大企業製造業	大企業非製造業
2014年９月調査	13	13
2014年12月調査	12	16
2015年3月調査	12	19
2015年6月調査	15	23
2015年9月調査	12	25
先行き	10	19

出所：日本銀行

こうした計算方法で算出する指標のことをＤＩ（Diffusion Index）と呼びます。ＤＩは、変化や傾向の方向性を知るのには分かりやすい指標ですが、少し悪くても、非常に悪くても一律に「悪い」とみなすので、変化の量や傾向の度合いを把握することはできません。

ここでは大企業の製造業と非製造業の数字を見てみると、製造業は12から15、非製造業は13から25の間の数値が並んでいます。製造業よりも非製造業のほうが総じて数値がいいですが、いずれも大企業では業況感が良いと答えた企業のほうが多かったという結果です。

この数字は傾向を見ることが大切ですが、それとともに、企業規模の大きさでの景況感も大切で、中小企業の景況感までが良くなっているときは、かなり景気が良いと言えます。逆に景気が悪くなるときには、中小企業から悪くなることも多いです。

一番下は「先行き」となっていますが、これは3カ月後の業況感を聞いた結果です。企業の経営者は、将来の業績を比較的慎重に判断しますので、少し悲観的に数字が出る傾向が強いのですが、それでも少し弱目に見ていることが読み取れます。

日銀短観とともに日本の景気動向を知るのに重要な指標が、内閣府が毎月発表している「**景気動向指数（CI）**」です。

景気動向指数とは、生産や雇用などさまざまな経済活動を表わす指標の中から、景気に敏感に反応すると考えられる29種類の指標の動きを統合したものです。

CIは、Composite Indexの頭文字で、前述のDIが変化の方向を示すのに対して、変化の方向と量を同時に示すことができます。計算方法は複雑なので説明は省きますが、基準となる年度の水準を100として、その基準年に比べてどれだけ変化しているかを表わしています。

	景気動向指数（CI）	
	先行	一致
2015年1月	104.4	114.8
2月	103.9	112.7
3月	104.0	111.1
4月	105.5	113.8
5月	106.1	112.0
6月	106.7	113.3
7月	105.0	113.1
8月	103.5	112.2

出所：内閣府
注：「2010年＝100」とした場合の数値

景気動向指数には、**「先行指数」「一致指数」「遅行指数」**の三つがあります。

景気を先取りして動く「新規求人数」や「東証株価指数」などを対象にしているのが先行指数で、景気と並行して動く「鉱工業生産指数」や「有効求人倍率」などを対象にしているのが一致指数、景気に遅れて動く「法人税収入」や「完全失業率」などを対象にしているのが遅行指数です。

それぞれの数値を見てみると、先行指数は１００台の数字が続き、一致指数は１１０台の数値が並んでいます。

この数字もトレンドを見ることが大切です。

日銀短観の業況判断も、景気動向指数も、現状の数字は比較的良いもので、この二つの指標からは「企業活動は活発だ」と言えるでしょう。今後の数字の動きにも着目してください。

◆◆◆◆◆「良い在庫増」と「悪い在庫増」を見分ける方法

次に見ておきたい経済指標が、経済産業省が発表している**「鉱工業指数」**です。これもとても重要な指標です。

鉱工業というのは、金、銀、銅、鉄といった金属や、ガラス、セメントの原料、原油、天然ガスなどのエネルギーを採掘する鉱業と、機械や電子部品、繊維、薬品、食品など、さまざまなモノを生産する工業のことです。

長期的に見れば、日本経済に占める鉱工業のウエイトは下がっており、海外生産の比率が高まっています。しかし、今でも日本の主力産業であることは間違いありません。

鉱工業指数は、速報が翌月の月末、確報が翌々月の中旬に発表され、**「生産指数」「出荷指数」「在庫指数」「製品在庫率指数」**などがあります。それぞれ、生産量、出荷量、在庫量を、基準年の2010年を100として指数化したものです。製品在庫率指数は、出荷に対する在庫の比率を表わした指数です。

景気が良くなれば、モノがよく売れ、企業は製品を増産するので、生産も出荷も上昇します。逆に景気が悪くなれば、モノが売れなくなりますから、出荷が減り、在庫が増えます。やがて生産も減らすことになります。

モノが売れなくて増える在庫は**「悪い在庫増」**ですが、景気が良いときに企業が販売を増やそうと意図的に在庫を積み増すこともあります。これは**「良い在庫増」**です。

この良い在庫か悪い在庫かを見分けるためには、「生産指数」と「製品在庫率指数」を時系列で見比べる必要があります。

まず生産指数ですが、増加傾向であれば、生産が増えているということですから、企業は景気が好調で受注が増えているかモノが売れると判断していることになります。

このように生産が増えているときに在庫量や在庫率が変わらないか下がっていれば、企業の予想どおりにモノが売れていることを表わし、在庫率が上がっていれば思いのほか売れていないことになります。ただし、企業は景気の先行きに強気の場合には、生産を増やして、在庫を積み増すこともあります。この場合は、良い在庫増加ということができます。


生産指数を見ると、2013年度は98・9で前年比プラス3・1ですが、2014年度は98・5で前年比マイナス0・4です。2015年の月々の数字を見ても100を超えたのは1月だけで、生産が増えずむしろ低下傾向です。

一方、在庫率指数は、2013年度106・3、2014年度112・0ですから、2014年度は生産が減ったにもかかわらず、在庫率が増えたので、これは悪い在庫増だと言え

	鉱工業指数		
	生産指数(季調)	生産者製品在庫率指数(季調)	製造工業稼働率指数(季調)
2012年度	95.8	114.4	95.4
2013年度	98.9	106.3	100.0
2014年度	98.5	112.0	100.6
2015年1月	102.1	109.0	104.3
2月	98.9	113.4	101.0
3月	98.1	114.4	99.8
4月	99.3	113.2	99.4
5月	97.2	115.4	96.4
6月	98.3	113.5	97.1
7月	97.5	112.2	96.9
8月	96.3	119.2	96.0

出所：経済産業省
注：「2010年＝100」とした場合の数値

るでしょう。２０１５年の月々の在庫率も１１０台で、特に8月は結構上がっています。在庫があまり減らないので、生産を増やすことができない企業の実情が見えてきます。

生産指数については、トレンドを見ることが大切です。また、基準年にも注意が必要です。現在、基準年として使われている２０１０年という年は、リーマン・ショック後の世界同時不況からようやく立ち直りかけてきたところで、それほど経済環境が良かった時期ではありません。現状は、それよりも低いということですから、景気はあまり良くないと言えます。

◆◆◆◆◆◆ なぜ「季調」が行われるのか？

次に、設備の稼働率を表わす**「製造工業稼働率指数」**を見てみましょう。製造工業とあるように、この指数には鉱業は含まれず、製造工業の設備の稼働状況を、基準年の2010年を100として指数化しています。

先ほどの生産指数よりも企業の増産、減産のペースを敏感に反映します。このため、**生産指数より稼働率指数のほうが、実際の生産状況をつかみやすい**と私は感じています。

数字を見ると、2013年度、2014年度とも、ほぼ100でしたが、2015年3月から100を切り、少しずつですが数字が悪化しています。

製造工業稼働率指数に関しては、やはりトレンドを見ることが重要です。さらに、先に説明した鉱工業指数と一緒に見るとより正確に分析ができます。

現状は、トレンド的には下降しています。今後、回復するのか、このままじりじりと下がり続けるか、鉱工業指数とともに数字の推移に注目してください。

なお、カッコ書きで「**季調**」とあるのは、季節調整を行ったあとの数字であることを示しています。季節調整は、時系列の統計データからある季節に特有の要因を取り除き、分析しやすくするために行われています。

たとえば、アイスクリームは夏によく売れますし、餅やかまぼこは正月前後に一番売れます。このように経済統計には季節的な変動がありますが、景気動向などのトレンドを見るためには、こうした季節変動を除去したほうがより正確な状況を把握できるため、季節調整が行われているのです。

「粗鋼生産」の損益分岐点は1億トン

さらに、製造業の企業活動状況をよく知るために、私がチェックしている経済指標が「**粗鋼生産高**」です。

粗鋼とは、さまざまな形や性質の鋼材に加工される前の、鉄の半製品のことで、これがどれだけ生産されているかを見ると、多くの産業で使われる鉄の需要全体を把握できます。数

	粗鋼生産高
2012年度	107,305
2013年度	111,524
2014年度	109,844
2015年1月	9,022
2月	8,441
3月	9,282
4月	8,402
5月	8,918
6月	8,535
7月	8,841
8月	8,796

出所：経済産業省
注：単位は千トン

字は、鉄鋼会社の業界団体である一般社団法人日本鉄鋼連盟が翌月中旬に速報を発表しています。

私は、粗鋼生産は年間1億トン弱が鉄鋼会社全体の損益分岐点だと考えていて、これを基準値にしています。毎月８３０万トン程度で年1億トン弱となりますから、月々はそれ以上の数値であればまずまずだと言えます。９００万トンを超えてくるとかなり良いと思います。

年度の数字を見ると、すべて1億トンを超えています。月々も８３０万トンを今のところは毎月超えていますので粗鋼生産はまずまずですが、中国での供給過剰が世界的な鉄余りを引き起こし市況が悪化しており、鉄鋼会社の業績にも影響を及ぼしつつあります。

日本の製造業に関する経済指標として、鉱工業指数の生産指数、生産者製品在庫率指数、製造工業稼働率指数、粗鋼生産高の四つを見てきました。これらを見る限り、日本の製造業の企業活動はそれほど好調でないことが分かります。まさに、良くなるか、悪くなるかの踊り場にいると言えるでしょう。

「日本を支える製造業が今後どうなるのか」知的好奇心がそそられますが、経済を勉強するには絶好の時期かもしれません。

建設業の経済指標は「晴れのち曇り」

製造業に続いて、建設業界に関する経済指標を三つ見てみましょう。

まず、国土交通省が調査・発表している**「建設工事受注動態統計調査（大手50社）」**という経済指標があります。これは、建設会社大手50社の受注金額を合計したもので、民間の建設工事と国や地方自治体の公共工事の両方をカバーしていま

	建設工事受注高の前年比	新設住宅着工戸数（万戸、季調）
2012年度	2.4%	89.3
2013年度	20.1%	98.7
2014年度	8.2%	88.0
2015年1月	27.5%	86.4
2月	1.0%	90.5
3月	10.8%	92.0
4月	▲12.1%	91.3
5月	▲7.4%	91.1
6月	15.4%	103.3
7月	▲4.0%	91.4
8月	▲15.6%	93.1

出所：国土交通省
注：「住宅着工戸数」の2015年の月々の数値は、年率換算したもの

す。

前年比ですから、トレンドをチェックしてください。

数字を見ると、2012年度は前年比2・4%増でしたが、2013年度は前年比20・1%と大きく伸びました。2014年度も前年比8・2%と3年連続で伸びていますから、建設工事受注は好調だと言えます。ただ、最近になってマイナスの月が増えているのはかなり伸びたので天井を迎えているのと、建設関係の人手不足や工事費の高騰が影響しているものと考えられます。

建設業の業績は、世の中の景気よりも少し遅れて動きます。なぜなら、たいていの企業は業績が良くなると、まず社員の給料やボーナスを増やし、次にIT機器などの小さな設備投資にお金を回し、そのあとにようやく工場や社屋に投資するのが一般的だからです。特に大きな工事の場合は、工事の発注から実際に完成するまでにさらに時間がかかりますから、世の中の景気のピークから1年ほど遅れて、建設業の業績がピークを迎えることも珍しくありません。

その建設業の業績と大きく関連する建設工事受注が頭打ちで少し減っているということは、「世の中の景気も少し前にピークアウトしていたのではないか」という仮説を立てることもできます。

国土交通省が調査・発表している**「新設住宅着工戸数」**も見てみましょう。住宅を新築する際、建築主は都道府県知事に工事の届出を出すことになっているのですが、住宅着工戸数はその件数を月ごとに集計したものです。

数字は、季節調整した数値で、月々はさらに年率換算した数値です。

数字を見ると、おおむね80万戸台後半から90万戸台前半です。2013年度から2014年度にかけての数字は、消費税増税の駆け込み需要とその反動があります。1990年代半ばまでは、150万戸前後で推移していましたから、それに比べると低いですが、リーマン・ショック後の2009年度の77・5万戸に比べれば、ずいぶん良くなったと言えるかもしれません。

私の基準値は100万戸以上なら良いとみていましたが、人口減少もあり、ペースは長期的にも落ちていくものと考えられます。

住宅は一生で一番高い買い物と言われるように、一般的には数千万円以上です。景気が悪いときには、少しでも安く買いたいという心理が働きますから買い控えが起き、景気が良く

	マンション契約率		マンション発売戸数	
	首都圏	近畿圏	首都圏	近畿圏
2012年度	76.7%	78.4%	46,754戸	24,114戸
2013年度	79.8%	78.9%	55,245	23,338
2014年度	74.6%	75.2%	44,529	19,840
2015年1月	74.9%	70.9%	1,679	1,314
2月	74.5%	67.1%	2,598	1,905
3月	79.6%	72.7%	4,457	2,019
4月	75.5%	74.2%	2,286	1,189
5月	71.1%	75.2%	3,495	1,920
6月	78.7%	74.8%	3,503	1,755
7月	83.7%	75.1%	4,785	1,258
8月	74.3%	79.4%	2,610	969
9月	66.0%	67.9%	2,430	1,798

出所：不動産経済研究所

なって価格が上がり始めると注文が入るようになります。消費税増税前には、かけ込み需要があります。

また、住宅はローンで買う人が多いので、住宅着工戸数は金利の動向にも敏感に反応します。現在のように低金利が続いているときは、「急ぐ必要はない」と考えますが、金利が上がり始めると、「どんどん上がってしまうかもしれない」と思い、あわててローンを借りて住宅を買うようになる人も増えるというわけです。

三つめの経済指標として「**マンション契約率・発売戸数**」を見てみましょう。これは、民間のシンクタンクである不動産経済研究所が調査・発表するマンション市場動向の指標で、首都圏と近畿圏の新築分譲マンションの契約率と発売戸数を調べたものです。

一般的には契約率が、70%が良し悪しの目安と言われていますが、私はあまり信用していません。なぜなら、この数字はあくまで作った戸数に対する契約率なので、率が高いからといって必ずしもマンションの売れ行きが好調というわけではないからです。

景気が悪くてマンションが売れない時期には、不動産会社はマンションの新築件数を減らします。分母が減れば、率が高くても実売金額は減ってしまいます。

そこで、発売戸数を一緒に見ることが重要になるのです。

首都圏の数字を見ると、発売戸数は2013年度に5万5245戸と1万戸近く急増しましたが、2014年度は4万4529戸と以前の水準に戻ってしまいました。これがなぜかは、もうお分かりでしょう。消費税アップ前の駆け込み需要が非常に大きかったからです。

建設工事受注、住宅着工戸数、マンション契約率・発売戸数の三つの経済指標から言えることは、消費税アップ前の駆け込み需要で2013年度の数字は良化したが、2014年度はそれ以前の水準に戻ったか、それよりも少し悪くなっているということです。

2015年度がさらに悪くなるのか、持ち直すのか、注意して見続けてください。

◆◆◆◆◆◆ 「爆買い」で底支えされた「全国百貨店売上高」

製造業に比べて業績のブレが小さく、安定していると言われるサービス業ですが、その企業活動状況を知るための経済指標として四つ紹介しましょう。

経済産業省が調査・発表している**「第3次産業活動指数」**は、サービス業の生産状況を示す経済指標で、エネルギー、情報通信、運輸・郵便、卸売・小売、金融・保険、不動産、宿泊・飲食、教育、医療など幅広い業種が対象になっています。

数字は、2010年を100として算出し、季節調整後の指数です。

数字を見ると、すべて100を超えてはいますが、最も高い数値でも2015年1月の103・6ですから、非常に狭い範囲での動きになっていると言えるでしょう。

つまり、サービス産業は景気回復の恩恵は受けているものの、先ほど鉱工業指数で見た製造業ほどは大きな変動はないということです。

次も経済産業省が調査・発表している経済指標で、「商業動態統計」の「**小売業販売額**」を見てみましょう。小売業には、百貨店、チェーンストア、スーパーマーケットなどの大型小売店だけでなくコンビニエンスストアなども含み、それらの売れ行きを集計したのがこの指標です。速報が翌月末に、確報が翌々月の中旬に発表されます。

	第３次産業活動指数（2010年＝100、季調）	小売業販売額の前年比
2012年度	102.0	0.3%
2013年度	103.2	2.9%
2014年度	102.1	▲1.2%
2015年1月	103.6	▲2.0%
2月	103.4	▲1.7%
3月	103.0	▲9.7%
4月	103.3	4.9%
5月	102.8	3.0%
6月	103.2	1.0%
7月	103.2	1.8%
8月	103.3	0.8%

出所：経済産業省
注：「第３次産業活動指数」の７月と８月の数値は速報値

数字を見ると、２０１３年度は前年比２・９％と増えていますが、これは何度も述べているように、消費税アップ前の駆け込み需要のおかげです。その証拠に、２０１５年３月は前年（同月）比マイナス９・７％と大きく減り、２０１４年度も前年比マイナス１・２％でした。

こちらもトレンドをチェックするとともに、消費税増税などの大きな「イベント」がある場合には、その影響を見ることも大切です。

さらに、日本百貨店協会が調査・発表している「**全国百貨店売上高**」を見てみます。その名のとおり、全国の百貨店の売上高を集計した経済指標で、翌月の中旬に発表されます。

数字を見ると、小売業販売額と同じように2013年度は前年比4・0%増えましたが、2014年度は前年比マイナス4・6%と減りました。違うのは、百貨店は2013年度のプラスより2014年度のマイナスのほうが大きいことです。

	全国百貨店売上高の前年比
2012年度	▲0.3%
2013年度	4.0%
2014年度	▲4.6%
2015年1月	▲2.7%
2月	1.1%
3月	▲19.7%
4月	13.7%
5月	6.3%
6月	0.4%
7月	3.4%
8月	2.7%
9月	1.8%

出所：日本百貨店協会

ただ、数字を詳しく見ると、前年同月に消費税アップ前の駆け込み需要（前年比プラス25%）があったため、2015年3月は前年同月比マイナス19・7%と大幅に減っていますが、2月は前年同月比プラス1・1%です。これは中国の旧正月（春節）の時期に日本にやってきた中国人観光客が「爆買い」したからです。

2月も前年は消費税増税前の駆け込み需要があったため、大きくマイナスとなってもおかしくはなかったのですが、3月のマイナス幅が前年のプラス幅に比べて小さかったこととあわせ、「爆買い」の威力を感じます。ただ、2015年夏以降、中国経済の減速が伝えられており、その影響がこの指標にどれだけ表われるのかが注目点です。「インバウンド消費」の恩恵を最も受けているのが百貨店ですが、それがどこまで続くのかが興味深いところです。

また、この数字は、消費全般の動きというよりは、いわゆる贅沢品の売れ行きをチェックするための指標と言えるでしょう。

	旅行業者取扱額の前年比
2012年度	5.1%
2013年度	3.7%
2014年度	1.2%
2015年1月	0.1%
2月	2.1%
3月	▲2.3%
4月	3.4%
5月	3.5%
6月	0.0%
7月	0.2%
8月	0.0%

出所：観光庁

サービス業の四つめの経済指標として、観光庁が調査・発表している**「旅行業者取扱額」**を見てみましょう。これは、主要な旅行業者の取扱額を集計し、翌々月の中旬に発表されます。国内旅行も海外旅行も、外国人旅行も含まれています。

数字を見ると、2013年度は前年比3・7%、2014年度も前年比1・2%増えました。小売業販売額と全国百貨店売上高が2014年度マイナスになったのとは違い、旅行業者取扱額は伸びは小さいながらも増えました。

これは、モノを買うよりも旅行を選ぶ人が増えたからではないかという仮説も成り立ちそうですが、２０１４年度の旅行業者取扱額の内訳を見ると、35・2％と大きく伸びたのは円安の影響もあり外国人旅行でした。つまり、ここでも中国人観光客の影響が大きかったということなのです。現在は、団塊世代の方たちが退職年齢に達し、退職金も手に入り、比較的健康で時間にも余裕があり、旅行を楽しむ人たちが増えていますが、今後、その方たちの年齢が高くなるにつれて、また国内人口全体は減少することから、旅行は減少していくと考えられます。それを外国人旅行者がどれだけ補えるかがポイントです。

◆◆◆◆◆◆「企業倒産件数」は安心レベルで推移

企業の活動状況を知る経済指標の最後に、私が重視している「**企業倒産件数**」を見てみましょう。これは、民間の信用情報会社である東京商工リサーチが調査し、翌月の中旬に発表している毎月の倒産件数です。

倒産とひと口に言っても、実態はいろいろで、銀行取引停止処分、会社更生法の適用、商法による会社整理、民事再生法の適用、破産、特別清算のいずれかに該当した企業数（負債総額1000万円以上が対象）の合計が倒産件数になります。

私の基準値は月1500件、年1万8000件で、この数値を超えると危険水域だと判断しています。

このところの数字を見ると、2012年度が一番多く、1万1719件。それでも危険水域にはまったく達していませんし、その後は減っていますから、良い数字が続いていると言えるでしょう。2015年の月々の数字を見ても、600件台から800件台ですから、とても低く、安心できる数字です。

	企業倒産件数
2012年度	11,719件
2013年度	10,536
2014年度	9,543
2015年1月	721
2月	692
3月	859
4月	748
5月	724
6月	824
7月	787
8月	632
9月	673

出所：東京商工リサーチ

企業の活動状況を知る経済指標として、「日銀短観」「景気動向指数」「鉱工業指数」「粗鋼生産高」「建設工事受注」「住宅着工戸数」「マンション契約率・発売戸数」「第3次産業活動指数」「小売業販売額」「全国百貨店売上高」「旅行業者取扱額」「企業倒産件数」を見てきました。

「日本企業」とひと口に言ってもさまざまですが、これらの経済指標を見続けていれば、企業の活動状況は大方理解できるはずです。日本経済を支える企業の活動状況が分かれば、現状の日本経済やその行方についても大きく見誤ることは、まずありません。ぜひ、私が示した基準値などを参考にして、定点観測を続けてください。

【③日本の雇用と物価を知る経済指標】

給料以上に物価が上昇

ＧＤＰの70％程度は給与として支払われ、ＧＤＰの55％強は消費支出に支えられています。

言い換えれば、給料が増えなければ消費も増えず、ＧＤＰも増えないということです。安倍政権が企業に対して給与のベースアップをかなり強く求めましたが、それは給料が増えて消費が増える好循環を生み出したかったからです。

それでは、給料は本当に増えたのでしょうか。それを知るための経済指標が、厚生労働省が調査・発表している「毎月勤労統計調査」の**「現金給与総額」**で、翌々月の中旬に発表されます。とても興味深い指標です。

現金給与総額という名前から、「日本中で支払われている給与の総額」と勘違いする人がいますが、「一人あたりの給与の総額」です。注意してください。

	現金給与総額（全産業）の前年比	消費者物価指数（生鮮食品を除く総合）の前年比
2012年度	▲1.0%	▲0.2%
2013年度	▲0.2%	0.8%
2014年度	0.5%	2.8%
2015年1月	0.6%	2.2%
2月	0.1%	2.0%
3月	0.0%	2.2%
4月	0.7%	0.3%
5月	0.7%	0.1%
6月	▲2.5%	0.1%
7月	0.9%	0.0%
8月	0.4%	▲0.1%

出所：「現金給与総額」は厚生労働省、「消費者物価指数」は総務省

ここで言う「総額」とは、基本給などの所定内給与と残業代などの所定外給与に賞与を加えた金額のことで、給与を受け取る側から見た総額という意味です。

数字を見てみると、２０１２年度、２０１３年度はマイナスでしたが、２０１４年度は前年比０・５％と非常に小幅ではありますがプラスに転じました。

「給料が増えている。これで消費も増える！」と思った人がいるかもしれませんが、話はそう簡単ではありません。先にも見たように２０１４年度は「消費支出」は大きくマイナスでしたね。

総務省が調査・発表している「**消費者物価指数**」という日本国内のモノとサービスの小売価格の水準を、２０１０年を１００として指数化した経済指標があります。発表は翌月下旬

です。この数字もとても大切な数字です。第1章で見た、アベノミクスで「2％」を目標としている数値です。

少し詳しく見ていきましょう。消費者物価指数は、「価格調査」と「家賃調査」「宿泊料調査」の三つの調査をもとに算定されていて、価格調査は、全国約2万7000店の小売店や事業所で販売されているモノやサービス588品目が対象です。

「最も売れていて、出回りも安定している」という基準で選ばれているため、有名メーカーのブランド品だけでなく、スーパーや量販店、コンビニのプライベートブランド（ＰＢ）商品なども含まれています。

家賃調査は、賃貸住宅の家賃を調べるもので、民営・公営を問わず、一戸建てやマンション、アパートなどの賃貸住宅の中から約2万5000世帯を選び、月々の家賃と延べ面積を調べるものです。

宿泊料調査は、全国にある旅館やホテル約530カ所を対象に、大人1人分の平日の料金と休前日料金を調査しています。

発表される指数には、「総合指数」「生鮮食品を除く総合指数」「食料（酒類を除く）及びエネルギーを除く総合指数」の三つがありますが、一般的に重視されているのは、生鮮食品

	実質賃金（総額）の前年比
2012年度	▲0.8%
2013年度	▲1.3%
2014年度	▲3.0%
2015年1月	▲2.3%
2月	▲2.3%
3月	▲2.7%
4月	▲0.1%
5月	0.0%
6月	▲3.0%
7月	0.5%
8月	0.1%

出所：厚生労働省

を除く総合指数です。

なぜなら、魚や野菜、果物は天候などによって価格のバラツキが大きく、ときに統計に過大な影響を与えるからです。

数字を見てみると、指数とその前月比、前年比の三つの数値がありますが、注目してほしいのは、２０１４年度の前年比で、２・８％上昇しています。これは、物価が前年に比べて２・８％上がったことを示していますが、先ほどの現金給与総額の伸びは、わずか０・５％でした。

物価が２・８％上がっているのに、給料が０・５％しか上がらなかったということは、買えるモノやサービスが減ったということです。「実質所得」の減少と言われるのはこのゆえんです。これでは消費が増えるはずもありません。現金給与総額を消費者物価指数で除して算出されるのが**「実質賃金（総額）」**です。厚生労働省が発表している数値を見ると、２０１３年度が前年比マイナス１・３％、２０１４年度も前年比マイナス３・０％と実質的な賃金は下がり続けていることが分かります。

２０１４年度、現金給与総額は前年比０・５％増えましたが、それは表面上の数字が上がったに過ぎなかったのです。

先にも述べたように、本章の①で見た家計消費支出（２人以上世帯）の２０１４年度の数字を見ると（１６９ページ参照）、前年比マイナス５・１％でした。実質所得の減少により、ＧＤＰの55％強を支える家計の消費が大きく減ったことが分かります。

「消費者物価指数」前年同月比マイナスの衝撃

この物価上昇分のうち２％は、消費税が５％から８％へと３％上がった分だと日銀は説明しています。

なぜ、消費税と同じ３％物価が上がらないのかと言えば、医療サービスなどは非課税な上に、課税売上高が１０００万円以下の小規模事業者は消費税の納税義務が免除されているため、すべてのモノとサービスに消費税がかかっているわけではないからです。

消費者物価指数の前年比を見ると（202ページ参照）、それまで2％台だったのが、2015年4月からは0％台になっています。2014年4月から消費税が上がったので、2015年4月からはその分が反映されなくなったからです。

そして、2015年8月には、前年同月比マイナス0・1％ととうとうまたマイナスに転じました。これは日銀が異次元緩和をスタートした2013年4月以来、実に2年4カ月ぶりのことです。

安倍政権と日銀は、「物価目標2％」を掲げていますが、それにもかかわらず消費者物価がマイナスになってしまいました。この最大の原因は、2014年夏からの原油安ですが、日銀は原油安を一時的なものと見ているようで、2016年度前半までにドバイ原油は現在の45ドル前後から70ドルまでゆるやかに上昇していくと想定しています。

しかし、私はこの想定に懐疑的です。第2章でも述べたとおり、これまで世界経済を引っ張ってきた中国経済が減速して世界的に原油需要が減っており、それにサウジアラビアの思惑などを考え合わせると、当分は現在の原油価格が続く可能性のほうが高いと思うからです。

したがって、2016年前半の物価上昇2％という政府の目標は達成困難というのが私の仮説ですが、どうなるか、今後の消費者物価指数に注目してください。

さて、そもそもなぜ物価目標を立てるかと言えば、「この先、物価が上がるだろうから、今のうちにモノを買っておこう」と一人ひとりが考えることで、消費が活発になり、それによって企業の業績も上がり、社員の給与も上がり、給与が上がればさらに消費が増え……という好循環にもっていきたいからです。そのために**「期待インフレ率」**を高めたいのです。

しかし、これまで経済指標で見てきたとおり、上がっていたように見えた物価は、実は消費税の影響であり、実際の物価は全体的には足踏み状態です。企業の業績は上がりましたが、給与はそれほど上がらず、消費を拡大するには至っていません。

消費者物価指数、前年同月比マイナスというデフレの足音さえ聞こえ始めているのです。

◆円安なのに「輸入物価指数」が上がらないのはなぜか？

関連する経済指標として、日銀が調査・発表している**「輸入物価指数」**も見てみましょう。これは、さまざまな種類の輸入品の平均価格を、国内に入ってくる水際段階で調査し、

２０１０年を１００として指数化したもので、翌月下旬に発表されます。
日本は資源輸入国ですから、石油や天然ガス、鉄鉱石などの市場価格が上がると輸入物価指数も上がり、それがインフレ圧力になります。いわゆる「資源インフレ」です。

現在は逆に、資源の価格が下がっているためデフレ圧力となり「資源デフレ」とも言うべき状況なのは前述のとおりです。

また、輸入品の代金はドルやユーロなど外貨で支払うことが多いので、為替相場の動向によっても輸入物価指数は変動します。

数字を見ると、２０１３年度に前年比13・5％上がっていますが、これはドル円相場が80円台から１００円前後まで円安が進んだことが主な原因です。

その後も１２０円前後まで円安が進んでいますが、輸入物価指数は２０１４年度、前年比0・2％の上昇にとどまっています。これは、何度も述べているように、２０１４年夏からの原油安によるものです。原油が安くなったので、円安にもかかわらず安く輸入できるため、輸入物価指数の上昇にはつながらなかったのです。

２０１５年1月からは前年同月比マイナスの数字が並んでいます。輸入物価が下がり、資源デフレが顕著であることを表わしていますが、これが日本経済にとって悪いことかと言う

	輸入物価指数の前年比	国内企業物価指数の前年比	企業向けサービス価格指数の前年比
2012年度	1.7%	▲1.1%	▲0.3%
2013年度	13.5%	1.9%	0.2%
2014年度	0.2%	2.8%	3.3%
2015年1月	▲6.6%	0.3%	3.4%
2月	▲10.1%	0.5%	3.2%
3月	▲8.2%	0.7%	3.1%
4月	▲9.8%	▲2.1%	0.7%
5月	▲8.9%	▲2.2%	0.6%
6月	▲5.9%	▲2.4%	0.5%
7月	▲7.3%	▲3.1%	0.6%
8月	▲9.7%	▲3.6%	0.7%

出所：日本銀行
注：「企業向けサービス価格指数」の８月の数値は速報値

と、そうとも言えません。

給与があまり増えていない私たちにとっては、ガソリン代や電気代が下がることは歓迎すべきことです。しかも、食料品など一部の製品は値上がりしていますから、これで輸入物価まで上がってしまうと生活が苦しくなるのは明らかだからです。

日本経済はデフレに逆戻り？

このように物価の上昇、下落は、私たちの生活に大きな影響を与えますが、それは企業にとっても同様です。

日銀は、企業間で取り引きされるモノの価格についても調査をしていて、２０１０年を１００とした**「国内企業物価指数」**を翌月中旬に発表しています。

これは、1887年1月から発表されている非常に歴史のある経済指標で、以前は「卸売物価指数」と呼ばれていました。2002年に算出方法を改訂した際に、名称も国内企業物価指数に代わりました。

総平均指数と前月比、前年比の三つがありますが、2013年度は前年比1・9%、2014年度は前年比2・8%上昇しています。2014年度は、消費者物価指数と同様に、消費税アップの影響で物価が上がったのですが、違うのは2015年4月からいきなり前年同月比2%台のマイナスになっている点です。

しかも、直近の7月、8月は前年同月比マイナス3%台ですから、企業間の物価はさらに下がっています。この数値は、消費者物価指数よりも大きく動く傾向がありますが、マイナス傾向が続けば、消費者物価指数もマイナスとなる可能性が高くなります。


一緒に見ておきたいのが、同じく日銀が調査・発表している**「企業向けサービス価格指数」**です。これは、金融、運輸、通信、不動産、広告などの第3次産業が企業向けに提供するサービスの価格水準を、2010年を100として指数化したもので、翌月下旬に発表されます。

数字を見ると、２０１３年度は前年比０・２％、２０１４年度は前年比３・３％と大幅に上昇しましたが、消費税アップの影響がなくなった２０１５年４月からは、前年同月比０％台の上昇に戻っています。人件費に影響される部分も大きく、こちらもトレンド的に上昇が続くのか、それとも伸び悩むのかを、現金給与総額とともにチェックすることが大切です。サービス価格は、モノの価格に比べて振れが小さいことも特色の一つです。

消費者物価指数、輸入物価指数、国内企業物価指数、企業向けサービス価格指数の四つの経済指標から言えることは、消費税アップの影響で２０１４年度は物価が上がりましたが、それが数字に反映されなくなった２０１５年４月以後は、ほとんど上がっていないか、下がっているということです。

日本経済は、デフレに戻るのかインフレ傾向を維持できるのかの踊り場にさしかかっています。今後の数字の動きに注意が必要です。

◆◆◆◆◆◆「有効求人倍率」は大幅改善

ここからは雇用の数字を見てみましょう。厚生労働省の毎月勤労統計調査には、労働時間に関する調査もあり、残業などの**「所定外労働時間」**が発表されています。

企業は、景気が良くなってくると生産活動が活発になりますが、まずは残業時間を増やすことで対処します。逆に、景気が悪くなり始めると、残業が減ります。

数字を見てみると、２０１３年度、２０１４年度とも前年比プラスでしたが、月々の数字を見ると、２０１５年２月からは前年同月比マイナスになっています。企業の生産活動が弱まってきていることがこの経済指標からも分かります。先に見た鉱工業指数や稼働率指数とも大きく関連しています。

サービス残業が当たり前のように行われていたひと昔前は、所定外労働時間には残業の実態が反映されていないという指摘がありましたが、昨今は労働基準監督署の指導が厳しくなったこともあり、サービス残業はかなり減っているため、指標の精度は以前に比べて高まっていると言えるでしょう。

厚生労働省が発表している**「有効求人倍率」**と、総務省が発表している**「完全失業率」**についても見ておきましょう。どちらも、日本の雇用状況を把握するうえでとても重要な指標です。

	所定外労働時間（全産業）の前年比	有効求人倍率（季調）	完全失業率（季調）
2012年度	▲0.1%	0.82倍	4.3%
2013年度	4.8%	0.97	3.9%
2014年度	2.0%	1.11	3.5%
2015年1月	1.3%	1.14	3.6%
2月	▲0.7%	1.15	3.5%
3月	▲2.4%	1.15	3.4%
4月	▲2.4%	1.17	3.3%
5月	▲1.7%	1.19	3.3%
6月	▲0.8%	1.19	3.4%
7月	▲0.7%	1.21	3.3%
8月	▲0.8%	1.23	3.4%

出所：「所定外労働時間」と「有効求人倍率」は厚生労働省、「完全失業率」は総務省

先ほど述べたように、企業は景気が良くなると最初は残業で対処しますが、さらに業績が良くなれば人を採用して活動を活発化します。逆に、景気が悪くなり、残業を減らしても人が余るようになれば人員削減を行います。

有効求人倍率は、仕事を求めている人に対して求人がどれだけあるのかを示した数字で、全国のハローワーク（公共職業安定所）の数字をまとめたものです。式で表わすと、有効求人倍率＝求人数÷求職者数となります。

単位は「倍」で、1倍以上なら「仕事」のほ

うが多く、1倍未満なら仕事を求めている「人」のほうが多いということです。

なお、求人数や求職者数には、正社員だけでなく派遣労働者や契約社員、パートタイマーも含まれています。

数字を見ると、リーマン・ショック後の世界同時不況時には0・5倍程度にまで下がりましたが、その後、回復し、2013年度では0・97倍と仕事のほうがまだ少なかったのですが、2014年度は1・11倍と仕事のほうが多くなりました。月々の数字を見ると、徐々に倍率が上がっている、つまり仕事が増えて企業の活動が活発になっていることが分かります。このところは人手不足の状況が続いていますが、非正規雇用者の求人倍率のほうがかなり高いことには注意が必要です。非正規雇用者の比率が増えれば、一人あたりの給与総額である「現金給与総額」が上がりにくいということになります。

◆◆◆◆◆「完全失業率」は5%を超えると危険水域

完全失業率は、労働力人口（＝満15歳以上で働く意志のある人）に占める、完全失業者数の割合です。式で表わすと、完全失業率＝完全失業者数÷労働力人口となります。

ここで注意が必要なのは、「働いていない人＝完全失業者」ではない点です。専業主婦などで働く意志がない人は、労働力人口に含まれません。

たとえば、景気が悪くて求人が少なく、本当は働きたいけれども、とても働けそうにないとあきらめて「働くつもりはありません」と調査で答えた人は、分母である労働力人口にも、分子である完全失業者数にも含まれないのです。

このため、本当は働く意志がある人も統計に含まれない可能性があり、「不況時には就職をあきらめる人が増えるため数値が小さく出やすい」というバイアスがあることに留意してください。逆に、好況に転じたときには、労働力人口が増加する傾向があり、完全失業率は一時的に上昇することがあります。

さて、数字を見ると、２０１３年度は３・９％だったのが、２０１４年度には３・５％と０・４％下がっています。月々の数字もわずかですが低下傾向です。

１９８０年代は２％台だったので、景気が良くなればまだ下がる可能性がありますが、当時よりも雇用の流動化が進んでいるので、現在の水準は完全雇用に近いと考えられます。

私は、この**完全失業率が５％を超えると危険水域**だと判断しています。それは、この水準を超えると、正社員が雇用を失うことが多くなるからです。経営環境が厳しくなった場合に、企業は一般的にはまず、残業を減らし、次に非正規社員を減らし、さらにその後、正社員を削減しようとします。非正規社員を減らすことも、もちろん、社会的には良いことではありませんが、正規雇用者が減ることはさらに経済を悪化させることとなります。その分かれ目が5％程度だと私は見ています。

ここまで現金給与総額、実質賃金、所定外労働時間、有効求人倍率、完全失業率といった雇用に関する経済指標と、消費者物価指数、輸入物価指数、国内企業物価指数、企業向けサービス価格指数などの物価関係の指数を見てきました。

現状の有効求人倍率や完全失業率はとても良い数字ですから仕事はあるのですが、2014年度は消費税増税のために実質賃金が下がったり、その後も給与が増えていないため生活は改善していない、という実態が見えてきたと思います。

【④日本の金融・市場・国際収支の動向を知る経済指標】

異次元緩和で「マネタリーベース」が急拡大

経済指標の教科書の最後として、金融に関する指標を紹介します。

第1章でも述べたように、アベノミクスの3本の矢の一つである「大胆な金融緩和」を具体化した「異次元緩和」によって急拡大したのが**「マネタリーベース」**です。

第1章でも説明しましたが、マネタリーベースとは、現金通貨と日銀当座預金の残高の合計のことです。現金通貨は、日銀券と呼ばれるように、日銀が発行することができるお金です。日銀当座預金は、各金融機関が日銀に保有する当座預金のことで、その中には日銀が市中銀行に命じて各行の預金量の一定割合を日銀に預けさせている準備預金も含まれます。

異次元緩和によって、マネタリーベースがどれだけ増えたのか、数字で確認してみると、2012年度は前年比8・7％増だったのが、異次元緩和を開始した2013年度は前年比44・0％と急拡大し、2014年度はさらに前年比39・3％拡大しました。

	マネタリーベース増加率（月中平均残高の前年比）	Ｍ３増加率（月中平均残高の前年比）	銀行計貸出残高の前年比
2012年度	8.7%	2.1%	1.1%
2013年度	44.0%	3.1%	2.3%
2014年度	39.3%	2.7%	2.5%
2015年1月	37.4%	2.8%	2.6%
2月	36.7%	2.9%	2.6%
3月	35.2%	3.0%	2.7%
4月	35.2%	3.0%	2.7%
5月	35.6%	3.3%	2.6%
6月	34.2%	3.2%	2.5%
7月	32.8%	3.3%	2.7%
8月	33.3%	3.4%	2.8%
9月	35.1%	3.1%	2.6%

出所：日本銀行
注：「Ｍ３増加率」と「銀行計貸出残高」の９月の数値は速報値

２０１５年の月々の数字を見ても、前年比35％前後の数字が並んでおり、今なお、マネタリーベースが大幅に増え続けていることが分かります。

マネタリーベースが安倍政権と日銀による量的緩和で拡大した一方、直接コントロールできないのが**「Ｍ３増加率」**です。Ｍ３とは、マネーサプライ（現金通貨と民間金融機関に預けられている預金＝世の中に流通しているお金の量）を表わす分類の一つで、Ｍ１、Ｍ２もあります。

いずれも「現金＋預金」で構成されるのですが、どの金融機関のどの預金を対象にするかが違い、日本銀行やゆうちょ銀行、外資系投資銀行なども含めたほぼすべての金融機関が対象で、預金の種類も普通預金、定期預金、譲渡性預金など最も幅広いのがM3です。

マネーサプライは、景気が良くなると増加します。「景気が良いからお金を借りても大丈夫」と企業も個人も考え、借入額を増やし、それが預金口座に入金されるからです。逆に、景気が悪くなると、「お金を借りると返せなくなるかもしれない」という不安感が高まり、資金需要がしぼむため、マネーサプライは減少します。

経済学的には、マネタリーベースを増やすとマネーサプライを何倍かに増やす効果があると言われています。そのため、マネタリーベースは「ハイパワード・マネー（倍率の高いお金）」とも呼ばれています。

M3の数字を見ると、2012年度は前年比2・1％増だったのに対し、2013年度は前年比3・1％増、2014年度は前年比2・7％増と、異次元緩和によって、確かにマネーサプライも増えていることが分かりますが、異次元緩和もそろそろ限界に近づいているかとも感じます。

同じく日銀が発表している**「銀行計貸出残高」**についても見ておきましょう。これは、都市銀行、地方銀行、第二地方銀行、信託銀行などの銀行の貸出残高を合計した数字です。景気が良くなり資金需要が高まれば、企業の借入が増えるので銀行計貸出残高も増加します。

日銀は、金額ももちろん発表していますが、ここでは、前年比の数値を見てみましょう。２０１２年度は前年比１・１％増でしたが、２０１３年度は前年比２・３％増、２０１４年度は前年比２・５％増でした。Ｍ３増加率と比べると、こちらのほうが数値が少し小さくなっていますが、動き方はほぼ同じです。

日銀がマネタリーベースを異次元レベルで拡大させた結果、マネーサプライが増え、銀行計貸出残高も増えた、と言うことはできます。ただし、第1章でも述べたように、マネタリーベースが前年比30％以上伸びているのに対し、マネーサプライや銀行計貸出残高の伸びは3％程度にとどまっており、異次元緩和の効果は限定的と言わざるを得ません。

◆◆◆◆◆「コールレート翌日物」は政策金利

異次元緩和が非伝統的金融政策であるのに対して、伝統的な金融政策が金利政策です。日銀がコントロールできるのが**「コールレート翌日物」**と呼ばれる短期金利です。

コールレートとは、主に銀行同士がお金を貸し借りする市場の金利のことで、この市場はコール市場や短期金利市場、マネーマーケットなどと呼ばれることもあります。

銀行には、預金がたくさん集まり資金が余りぎみの銀行と、貸出がたくさん出て資金が不足ぎみの銀行とがあります。一般的には、地方の銀行は貸出先が多くないので資金が余りやすく、都会を中心に展開している大銀行などは、借入をする企業がたくさんありますから資金不足に陥りがちです。また、その過不足の量も日々大きく変動します。

資金が不足した銀行が、資金が余っている銀行からお金を借りてくるのがコール市場で、いくつかの貸出期間があります。

一番短いのが、半日だけ資金を貸し出してくれる半日物（日中コール）、その次に短い

	コールレート翌日物（平均）	新発10年国債利回り（期末）
2012年度	0.082%	0.560%
2013年度	0.073%	0.640%
2014年度	0.068%	0.400%
2015年1月	0.074%	0.275%
2月	0.076%	0.330%
3月	0.070%	0.400%
4月	0.061%	0.340%
5月	0.069%	0.390%
6月	0.072%	0.455%
7月	0.074%	0.410%
8月	0.076%	0.380%
9月	0.073%	0.350%

出所：「コールレート翌日物」は日本銀行、「新発10年国債利回り」は日本相互証券
注：数値は年利

のが、1日だけ資金を貸し出してくれる翌日物（「オーバーナイト」と呼ばれる）です。この翌日物の金利が、コールレート翌日物です。

このコールレート翌日物は、日銀が金融調整手段として市場介入を行い日々コントロールしていることから「政策金利」とも呼ばれています。

数字を見ると、0・1％を切る数字が並んでいます。これは、ゼロ金利政策が続いているからです。このようになるように日銀が日々のオペレーションを通じて誘導しているわけです。

アメリカの政策金利は「FFレート翌日物」（94ページ参照）で、FRBがゼロ金利政策をやめ、金利引き上げをするかどうかに世界中の注目が集まっていますが、金利を引き上げる際にはこのFFレートの金利を上げることになります。

なお、「平均」はその年度、または月の平均値であることを、「年利」というのは年率の金利に直したことを示しています。

「新発10年国債利回り」が長期金利の指標

コールレート翌日物が代表的な短期金利の経済指標である一方、長期金利がどうなっているかを知るのに最適な経済指標が、政府が新しく発行した10年物国債の金利である**「新発10年国債利回り」**です。

国債や社債などの債券は、「元本に年率何%かの金利をつけて、何年後に返します」という約束を行う有価証券です。国債の場合も、発行されるときには額面に対する金利（クーポンと呼ばれます）が設定されていますが、このクーポンの表面金利ではなく、市場での取引価格に基づく実質的な金利を「利回り」と言います。

たとえば、額面が1万円でクーポンが5％の1年物国債を額面通りの1万円で買えば、利回りはクーポンと同じ5％になります。しかし、発行直後の市場価格が9500円と下がると、1年後には元金の1万円と金利の500円の合計1万500円が手に入るのですから、利回りは10・5％くらいになります。

10年物国債の場合は、将来の金利分を年度ごとに割り引いて現在価値に直したりするので、計算がもっと複雑になります。

長期国債の市場価格は、基本的には需要と供給によって決まり、買いたい人が増えると価格は上がり、買いたい人が減れば価格は下がります。

また、金利が上がる局面では既発の国債の市場価格が下がり、利回りが高くなります。逆に、金利が下がりそうなら市場価格が上がり、利回りは低くなるのです。詳しい説明は省きますが、「債券の市場価格と利回りは反対に動く」と覚えておいてください。

◆◆◆◆◆◆「ドル円」「ユーロ円」は日々チェックする

日銀は、「外国為替市況」についても日々発表を行っています。

外国為替取引の場合は、「市場」といっても、株式の証券取引所のような物理的な取引場所があるわけではなく、電話やコンピュータで結ばれたバーチャルな市場があるだけです。

そのネットワークの中で、売り手や買い手、仲介者として主要な役割を担っているのが銀行などの金融機関なので「インターバンク」と呼ばれています。

取引の方法も株式とは異なり、取引相手が銀行に価格を聞いてくると、銀行は買い値（ビッド）と売値（オファー）を同時に提示します。

たとえば、ドル円の取引であれば、「120・50－120・55」というふうに伝えます。これは、「当行がドルを買うなら1ドル＝120円50銭で、売るなら120円55銭」という意味です。

取引相手は、この金額を聞いてから売るか、買うか、取引しないかを決めればいいのです。

テレビのニュースなどでは、「現在、1ドル、120円50銭から55銭で取引されています」などと言いますが、厳密に言えば、インターバンク市場では「現在、買い値が1ドル120円50銭で、売り値が120円55銭です」となります。

なお、外国為替には、直物（じきもの）、先物、証拠金取引（FX）、スワップ、オプションなど、さまざまな取引がありますが、ここでは紙幅の関係もあり説明を省きます。興味のある人は、ぜひ自分で調べてみてください。

為替相場は、ときに急激に動くこともあるので、ニュースでもよく取り上げられる「ドル円」と「ユーロ円」の数字ぐらいは日々確認しておくことをおすすめします。また、日経新聞の「景気指標」面には**「日経通貨インデックス」**というものがあり、米ドル、ユーロ、円が、その他の通貨も含めた通貨相互間の中で相対的に強くなっているのか弱くなっているのかを表わしています。ここ数年の数字を見ると、米ドルが突出して相対的に強くなっているのが分かります。

◆◆◆◆◆◆「日経平均」と「TOPIX」は何が違う？

日々チェックすべき経済指標がもう一つあります。「株価指数」です。有名なのは、**「日経平均」**と**「TOPIX（東証株価指数）」**でしょう。

日経平均の対象は、東京証券取引所（東証）の第1部に上場されている銘柄のうち、売買が活発で市場流動性の高い225銘柄です。計算方法は、アメリカの「ダウ工業平均」と同じで、225銘柄の株価を足し合わせて225で割った数字が基本です（正確には、株式分割などを反映させ、もう少し特殊な調整を行っています）。

TOPIXは、東証1部上場全銘柄（2015年9月末時点、1898銘柄）が対象で、時価総額加重平均と呼ばれる計算方法で算出されます。簡単に言うと、1968年の時価総額を基準として、現在の時価総額がどれくらい増減しているのかを示しています。

日本株全体の価格水準を代表する指標としては、ＴＯＰＩＸのほうが的確かもしれませんが、知名度では世界的にも「ＮＩＫＫＥＩ２２５」として有名な日経平均のほうが浸透しています。たった30銘柄が対象のダウ工業平均のほうが、５００銘柄を対象とした「Ｓ＆Ｐ５００」より有名なのと同じようなものです。

東証は株式会社で、第１部だけでなく、第２部や「マザーズ」などの市場も運営していますが、取引量は第１部が圧倒的に多いので、日々チェックする経済指標としては、日経平均か、ＴＯＰＩＸでいいでしょう。

あわせて、取引量を知るための指標として**「1日の売買代金」**を見ておくとよいでしょう。東証１部の１日の売買代金の基準値として、私はこのごろですと3兆円台の日は売買が盛んで活況、２兆円台が普通、１兆円台だと株式市場は低調という判断をしています。

近年は、株価が好調に推移していたため、日々、２兆円台の取引が行われ、ときどき3兆円に膨らむ日があるといった様相です。

◆◆◆◆◆◆「貿易・サービス収支」は赤字続き

最後に、財務省が毎月調査・発表している「**国際収支**」に関する経済指標と「外貨準備高」について見てみましょう。

国際収支は、日本が外国と取引する際に受け取る金額と、支払う金額のバランスを示すものです。「**経常収支**」と「**資本収支**」に大別され、企業の決算に置き換えると、経常収支は経常利益、資本収支は投資キャッシュフローにあたります。

経常収支は、「**貿易収支**」「**サービス収支**」「**所得収支**」に分けられます。

貿易収支は、モノの取引を対象とした収支で、輸出から輸入を差し引いた金額です。GDPを支える家計消費と企業投資とともに貿易収支についても本章の最初で説明しました（175ページ参照）。

サービス収支は、国境を越えたサービスの取引を対象にしています。

この貿易収支とサービス収支を合わせた「貿易・サービス収支」は、企業で言えば営業損益に相当します。

	経常収支（億円）	貿易・サービス収支（億円）	外貨準備高（期末、億ドル）
2012年度	42,492	▲92,753	12,544
2013年度	14,715	▲144,635	12,793
2014年度	79,309	▲93,142	12,453
2015年1月	1,018	▲12,327	12,611
2月	14,957	▲2,097	12,511
3月	28,203	8,312	12,453
4月	13,362	▲6,622	12,501
5月	18,660	400	12,458
6月	5,615	▲722	12,429
7月	18,086	▲2,917	12,423
8月	16,531	▲2,683	12,442

出所：財務省
注：「経常収支」と「貿易・サービス収支」の2015年７月以降の数値は速報値

所得収支は、日本人の対外投資から生み出される所得の合計から、外国人の対日投資から生み出される所得の合計を差し引いた金額です。たとえば、外国の国債や通貨からの利息、外国企業の株式の配当、外国に出稼ぎに出ている人からの送金などが対象になります。それ以外には、政府開発援助（ＯＤＡ）の数字（第二所得収支）なども経常収支には含まれます。所得収支の数字は表にはありませんが、経常収支から貿易・サービス収支を引いた金額が、所得収支になります。

数字を見ると、経常収支はプラス、貿易・サービス収支はマイナスです。企業なら、経常利益は黒字だが、営業損益は赤字ということです。貿易収支のところでも述べましたが、日本は貿易黒字国から貿易赤字国になってしまっているのです。

ただ、今のところは貿易・サービス収支の赤字を所得収支（第一所得収支）がカバーしており、経常収支は黒字を保っています。

「外貨準備高」は1兆2500億ドル前後で安定

財務省が調査・発表している国際収支には、経常収支と資本収支に加えて「外貨準備増減」という項目があります。この外貨準備の残高を示す経済指標が**「外貨準備高」**です。

外貨準備とは、国家が輸入代金の決済や借金の返済など、外国への支払いにあてるために外貨建てで保有している準備資産のことです。日本の場合は、政府と日銀が保有している外貨や金の合計額になります。

外貨準備高は、政府・日銀の為替介入によって変動します。たとえば、円高を抑制するために円売り・ドル買い介入をすれば外貨準備高が増え、蓄えたドルはもっぱら米国債などで運用されます。最近はユーロ建ての資産も増えているので、対ユーロの為替変動もドル建ての金額に影響を与えます。

現在、日本の外貨準備高は中国に次いで世界第2位で、近年は1兆2500億ドル前後で安定して推移しています。

さて、数多くの経済指標を見てきましたが、理解できたでしょうか。最初から、すべての経済指標の定義を覚えて、定点観測をしようとしても長続きはしないでしょう。最初は、興味のある経済指標二つか、三つの定点観測から始めて、関連のある経済指標の定義と基準をおさえて、日経新聞などで定点観測する指標を増やしていくのがよいと思います。関連づけということで言えば、ＧＤＰを中心に、それを支える個人消費、企業の投資、公共投資、貿易収支あたりから始めてもいいですね。

そして、指標と指標を関連づけながら、仮説を立てることにも挑戦してください。その繰り返しによって「経済通」への道が開けます。皆さんの経済を理解する力が高まることを心より期待しています。

小宮　一慶（こみや・かずよし）

経営コンサルタント。株式会社小宮コンサルタンツ代表。十数社の非常勤取締役や監査役・顧問も務める。

1957年、大阪府堺市生まれ。1981年、京都大学法学部卒業。東京銀行に入行。1984年7月から2年間、米国ダートマス大学経営大学院に留学。MBA取得。帰国後、同行で経営戦略情報システムやＭ＆Ａに携わったのち、岡本アソシエイツ取締役に転じ、国際コンサルティングにあたる。その間の1993年初夏には、カンボジアPKOに国際選挙監視員として参加。

1994年5月からは、日本福祉サービス（現セントケア）企画部長として在宅介護の問題に取り組む。1996年に小宮コンサルタンツを設立し、現在に至る。

主な著書に、『ビジネスマンのための「数字力」養成講座』（ディスカヴァー・トゥエンティワン）、『日経新聞の数字がわかる本』（日経BP社）、『「ROEって何？」という人のための経営指標の教科書』（ＰＨＰビジネス新書）など多数。

PHP
Business Shinsho

編集協力：坂田博史

PHPビジネス新書　344

「名目GDPって何？」という人のための
経済指標の教科書

2015年12月3日　第1版第1刷発行

著者	小宮一慶
発行者	小林成彦
発行所	株式会社ＰＨＰ研究所

東京本部　〒135-8137　江東区豊洲5-6-52
ビジネス出版部　☎03-3520-9619（編集）
普及一部　☎03-3520-9630（販売）
京都本部　〒601-8411　京都市南区西九条北ノ内町11
PHP INTERFACE　http://www.php.co.jp/

装幀	齋藤 稔（株式会社ジーラム）
組版	朝日メディアインターナショナル株式会社
印刷所	共同印刷株式会社
製本所	東京美術紙工協業組合

　ISBN978-4-569-82755-1

「ＰＨＰビジネス新書」発刊にあたって

わからないことがあったら「インターネット」で何でも一発で調べられる時代。本という形でビジネスの知識を提供することに何の意味があるのか……その一つの答えとして「**血の通った実務書**」というコンセプトを提案させていただくのが本シリーズです。

経営知識やスキルといった、誰が語っても同じに思えるものでも、ビジネス界の第一線で活躍する人の語る言葉には、独特の迫力があります。そんな、「**現場を知る人が本音で語る**」知識を、ビジネスのあらゆる分野においてご提供していきたいと思っております。

本シリーズのシンボルマークは、理屈よりも実用性を重んじた古代ローマ人のイメージです。彼らが残した知識のように、本書の内容が永きにわたって皆様のビジネスのお役に立ち続けることを願っております。

二〇〇六年四月

ＰＨＰ研究所

PHPビジネス新書

はじめてでもわかる財務諸表

危ない会社、未来ある会社の見分け方

小宮一慶 著

プロフェッショナルを目指すビジネスマンであれば、必ず身につけておきたい「財務諸表の読み方」を豊富な事例をもとに伝授。

定価 本体八六〇円（税別）

PHPビジネス新書ビジュアル

「60分」図解トレーニング

経営戦略

小宮一慶 著

戦略はQ・P・Sで決まる！ 環境分析から戦略立案、そして実践まで、有名コンサルタントが現場で本当に使えるノウハウを初公開。

定価 本体一、〇〇〇円（税別）

PHPビジネス新書

一番役立つ! ロジカルシンキング

小宮一慶 著

「何を言いたいんだ」「整理して話せ」と怒られている人、必読! ロジカルシンキングを使って言いたいことをきちんと伝える方法を解説。

定価 本体八〇〇円(税別)

続・道をひらく

松下幸之助　著

身も心も豊かな繁栄の社会を実現したいと願った著者が、日本と日本人の将来に対する思いを綴った１１６の短編随筆集。『ＰＨＰ』誌の裏表紙に連載された言葉から厳選。

定価　本体八七〇円（税別）

PHPビジネス新書

「ROEって何?」という人のための経営指標の教科書

小宮一慶 著

ROE、ROA、FCF、EBITDAマージン、EVA……日経新聞等でよく目にする「経営指標」の意味と使い方をわかりやすく解説!

定価 本体八七〇円(税別)